Wilhelm Diess · Ein eigener Mensch

Wilhelm Diess

Wilhelm Diess

Ein eigener Mensch

Ausgewählte Geschichten
Herausgegeben von Hans Göttler

Edition Töpfl Tiefenbach

Impressum:

1. Auflage
Verlag: Edition Töpfl, Tiefenbach
Gesamtherstellung:
Druckerei Töpfl, 94113 Tiefenbach

ISBN 3-927108-50-2

INHALT

Vorwort des Herausgebers

„Die persönliche Freude des Verfassers an den erzählten Dingen ist frisch wie am ersten Tag.“ So lautet der abschließende Satz des Vorworts von Wilhelm Diess, das er im Sommer 1956 – also in seinem letzten Lebensjahr – für die im Münchener Pflaum-Verlag erscheinende Neuausgabe seiner „Stegreif-Geschichten“ schrieb, die zwanzig Jahre zuvor erstmals im Heimeran-Verlag in Buchform vorgelegt worden waren.

Wandelt man den Satz des alten Wilhelm Diess aus seinem Vorwort von 1956 etwas um und wendet ihn auf den Herausgeber des vorliegenden Auswahlbändchens an, dann lautet er folgendermaßen: Die persönliche Freude des Herausgebers an den erzählten Dingen ist frisch wie am ersten Tag, als er Werk und Person des Wilhelm Diess für sich entdecken durfte! Und das kam so:

In den frühen 70er Jahren gab es in meiner Heimatstadt Simbach am Inn plötzlich von heute auf morgen eine „Wilhelm-Dieß-Straße“. Es waren wohl nur wenige, die mit diesem Namen gleich etwas anfangen konnten, ich gehörte nicht zu ihnen, denn der gymnasiale Literaturunterricht jener Jahre wie auch die literarische Öffentlichkeit in den Medien hatten das Thema „Bairische Literatur“ noch nicht in aller Breite entdeckt. So holte ich mir damals – kurz nach dem Abitur und vor Aufnahme des Germanistikstudiums – die nötigen Informationen vom Pfarrer des Ortes, der die Erstausgaben der Bücher des Wilhelm Diess und natürlich die gediegene, dreibändige Pflaum-Verlag-Ausgabe aus den fünfziger Jahren in seiner Bibliothek stehen hatte. Der Herr Prälat ließ mich diese Bücher lesen, und er konnte mir auch so manches Detail aus dem Leben des Dichters Wilhelm Diess berichten, nein – erzählen, denn auch der Prälat war ein niederbayerisches Erzählertalent, fast so eines, wie der Lehrerssohn aus Bad Höhenstadt und spätere Dichterjurist, an dessen heiter-hintersinnigen Geschichten ich mich nun erfreuen durfte.

Ab 1976/77 konnte ich mir diese Lesefreude mit Hilfe einer neuen Wilhelm-Diess-Ausgabe verschaffen. Friedhelm Kemp hatte im Kösel-Verlag eine vierbändige Werkedition besorgt, in der alle Erzählungen und Geschichten von Wilhelm Diess versammelt waren und die den Rang des Autors anhand von Aufsätzen aus berufener Feder unter Beweis stellte. Dabei konnte ich schon bald bemerken: Auch beim wiederholten Lesen seiner Geschichten gab es immer noch die eine oder andere neue Nuance, die zu entdecken war, wohl der beste Beleg für die literarische Bedeutung des Werks. Anfangs waren es vielleicht mehr die komischen, mit den Mitteln von Ironie und Übertreibung kunstvoll – doch nie gekünstelt – ausstaffierten Geschichten – etwa „Leichenbegängnis“ oder „Es brennt“ und „Der Heilige Geist“ – die mich als Leser in den Bann zogen. Später dann, je mehr ich mich auf den Erzähler einließ, wurden es die eher leisen und zum Nachdenken anregenden Prosastücke, z. B. „Das Geständnis“, „Der Optiker Lindinger“ oder „Mai 1945“. In allen seinen Geschichten aber gelingt es Diess meisterhaft, erzählend ein Stück Welt – Menschen, Tiere, Natur – anschaulich zu vergegenwärtigen und langsam zum Klingen zu bringen. Ich schreibe bewußt „Welt“ und nicht „Heimat“, denn es kommt Diess nicht so sehr darauf an, Personen, Orte und Landschaften seiner Heimat eindeutig identifizierbar zu machen, gleichsam wie in einem Schlüsselroman, obwohl er natürlich immer wieder den einen oder anderen Hinweis in diese Richtung gibt. Diess erzählt und schreibt vielmehr mit literarisch-künstlerischen Mitteln, mit verfremdenden Anspielungen und verzögernden Einschüben, mit Wiederholungen und Kommentaren, mit Bildern und Vergleichen, und kommt damit zu einer unglaublich dichten Beschreibung von Alltag und Wirklichkeit, die auch abgelöst vom heimatlichen Rahmen Gültigkeit besitzt. All dies vermag er in einem Bairisch zu schaffen, das den Duktus der Mündlichkeit und den damit verbundenen Tönereichtum auch in den geschriebenen Geschichten bewahren kann, eine Fähigkeit, die einzigartig ist und ihn von seinen bairischen Dichterkolleginnen und -kollegen unterscheidet. „Ein eigener Mensch!"... mit der Überschrift der Geschichte gesprochen, die dieser Sammlung ihren Titel gegeben hat.

Ein solcher eigener, eigenständiger Mensch ist Diess dann auch als Person gewesen, und das ist für den Herausgeber ebenso ein Anlaß zur Freude! Diess studiert Jura, weil ihm ein Verwandter ausdrücklich davon abrät, er verzichtet auf die staatliche Anstellung als Richter, weil er als Rechtsanwalt unabhängig sein möchte, er läßt Hitler, den Regimentskameraden aus dem Weltkrieg, abblitzen, als der ihn in den 20er Jahren zu einer Parteiveranstaltung der Nazis, zum Mittun bei ihnen, einlädt, und das zu einer Zeit, in der sich bereits viele – auch bairische Autoren sind darunter – in völkisch-antisemitischen Tiraden ergehen. Diess dagegen steht auf der Seite des Rechts und stellt seinen juristischen Sachverstand in den Dienst des demokratischen Staates, er setzt sich ein für die Rechte der einzelnen, der Künstler, Schauspieler und Literaten, gegenüber Staat und Gesellschaft.

Auch nach 1933, als er Repressalien von seiten der Herrschenden ausgesetzt ist und seine Ehrenämter verliert, bleibt er sich treu und vertritt, etwa in seinen fachwissenschaftlichen Aufsätzen, eine Position, die dem Rechtsverständnis der Nazis diametral entgegensteht. So läßt er es sich eben nicht nehmen – wie der Rechtshistoriker Michael Kobler herausgearbeitet hat –, deutlich zu machen, daß in der Werbung ein Hinweis auf die rassische Herkunft eines Mitbewerbers unangebracht sei. Und in einer anderen Veröffentlichung rügt er sogar die

Mitwirkung der Reichskulturkammer in Urheberrechtsfragen als Rechtsverletzung oder erhebt mit Nachdruck Bedenken gegen die Einschaltung der Reichskulturkammer in Rechtsstreitigkeiten. Kleine, aber klare und öffentliche Bekenntnisse gegen die Allmacht des NS-Staates! Es gibt sie auch – literarisch stilisiert – in seinen Geschichten!

Benno Hubensteiner lobte an den „Stegreif-Geschichten" von 1936, „daß sie in einer Zeit des Lautsprecher-Gebrülls und der Großkundgebungen das echte und andere Bayern meinten." Das bedeutet: Diess schreibt eben keine völkisch-nationalistisch übersteigerten Geschichten im Blut- und Bodenstil, wie so mancher Heimatdichter seiner Zeit, es gibt keine rassistisch-antisemitischen Äußerungen, auch nicht als Nebenbemerkung oder zwischen den Zeilen versteckt. Der Erzähler bringt vielmehr heitere Schilderungen des dörflichen und städtischen Alltagslebens, in denen z. B. allgemein anerkannte Autoritäten wie Lehrer und militärische Vorgesetzte oder berufliche Experten ironisch betrachtet und dadurch vom Sockel geholt werden. Berichtenswert erscheint Diess etwa, daß ein junger Infanterist auf den Waggon seiner Kompanie, der sie zur Somme-Schlacht transportieren sollte, den Satz schreibt: „Pflege der Jugend schafft rüstiges Alter", einen Satz also, der im Kontrast zu vielen anderen martialischen, Schlimmes verheißenden Sprüchen auf Waggonwänden jener Tage stand und auch 1936 nicht in die Zeit, in das strategische Konzept passen mochte, ebensowenig wie die Gedanken des einfachen, an Schwejk oder Remarque erinnernden Soldaten über das Straffeuer im Krieg: „Jedem muß einleuchten, daß da etwas nicht in Ordnung ist; aber niemand hört auf uns, ..."!

Und auch das zweite Buch des Wilhelm Diess, „Das Heimweh" aus dem Jahre 1940, ist kein Hymnus auf den Staat und seine politischen und militärischen Führer, sondern eine mahnende Erinnerung an das alte, andere Bayern, ironisch-kritische Anmerkungen gegenüber Schule, Kirche, Berufskollegen und Militär inbegriffen. Gegen die Siegesmeldungen jener Zeit locker nebenbei anschreibend, erwähnt er etwa in der Schilderung des Pockinger Kirchengemäldes („Der Heilige Geist“) den im Rottal zurückgebliebenen und dort friedlich gewordenen, ungarischen Reiter aus der Schlacht auf dem Lechfeld 955 und läßt den Pfarrer des Ortes lapidar und unwidersprochen feststellen: „Wahrscheinlich hat er den Feldzug satt gehabt, er ist ja ein einfacher Reiter gewesen und hat sich vielleicht gedacht, er wird keine Ehre aufheben, wenn er nach Hause kommt und meldet, daß die andern alle gefallen sind, und überhaupt ist er nicht sicher, ob man ihm glaubt, daß in Bayern Leute sind, die noch gröber zuhauen als die Ungarn, und Gott weiß, was dann alles aus der Geschichte entsteht, und schließlich muß er wieder einrücken – kurz und gut, er ist auf dem Hof geblieben, hat sich zum christlichen Glauben bekehrt, etwas Nachkommenschaft erzeugt, und man hat weiter nichts Unrechtes von ihm gehört.“ Zu einem solchen Lobpreis auf ein friedliches Leben ohne jegliche heldische Ambitionen gehörten im Weltkriegsjahr 1940 Mut und Zivilcourage. Aus der Feder eines hochdekorierten Offiziers aus dem 1.Weltkrieg zeugen diese schlichten, exemplarischen Wahrheiten zudem von zutiefst humaner Gesinnung und der entsprechenden Einsicht in den Lauf von Welt und Geschichte, wobei die individuelle Verantwortung des einzelnen Menschen klar, aber unaufdringlich betont wird.

Daß er sich am friedfertigen Verhalten seiner literarischen Figuren auch im wirklichen Leben orientiert, beweist Diess schließlich am Ende des 2.Weltkriegs, als der 60jährige im Jahre 1944 noch zur „Organisation Todt“ einberufen wird und schlicht und einfach nicht hingeht. Im Lebensrückblick, zehn Jahre später verfaßt, ist ihm die mutige Tat aber nur einen knappen Halbsatz wert, so als ob das in jener Zeit das einfachste und ungefährlichste von der Welt gewesen wäre: “...ich zog aber vor, auf mein 1925 erworbenes kleines Bauernhöfl

(Michelbauernhof auf der Eck) bei Tegernsee zu gehen, ..."

Dieser Kommentar im Lebensbericht ist ähnlich kurz wie die dort auch zu lesende Schilderung seines nachdrücklichen Einsatzes für den Wiederaufbau eines demokratischen Bayern im Justiz- und Kultusministerium nach 1945. Auf den unbelasteten Fachmann Wilhelm Diess konnte dabei nicht verzichtet werden. Diess versagte sich nicht und tat als überparteilicher, unparteiischer Ministerialbeamter seinen Dienst, sieben Jahre lang, allein auf sich gestellt, selbständig und kompetent, nicht vordergründig um Lob und Dank seiner Mitmenschen bemüht, kurz und noch einmal: „...immer ein eigener Mensch..."! Auch als beliebter Universitätsprofessor handelte er stets nach dieser Maxime, wie einige seiner damals so zahlreichen Studenten heute noch dankbar bezeugen. (s. Anhang)

Nach diesem sehr persönlich gehaltenen Vorwort dürfte eines klar sein: Es ist nicht nur eine große Freude für mich, diese Wilhelm-Diess-Ausgabe, die erste im 21. Jahrhundert, auf den Weg zum Leser zu bringen. Die Aufgabe, die die Verwandtschaft von Wilhelm Diess an mich herangetragen hat, nachdem die Ausgabe im Kösel-Verlag vergriffen ist, erfüllt mich mit Stolz und Dankbarkeit. Aus meiner Sicht gilt auch für diese Ausgabe, was der Kritiker Karl Heinz Kramberg – vor mehr als 20 Jahren – über die nun nicht mehr erhältliche Gesamtausgabe von 1976/77 geschrieben hat: „Welch ein Proviant! Welch ein Vorrat an Wolken, Himmel und menschlicher Landschaft! Ich weiß kein Buch eines lebenden süddeutschen Prosa-Schriftstellers, für das ich auch nur eine dieser Geschichten herschenken möchte."

Hans Göttler

Vorwort des Enkels von Wilhelm Diess

Wilhelm Diess – das muß nicht noch einmal betont werden – ist für die bairische Literatur ein Muß. Keiner hat wohl so unmittelbar die Kunst des Erzählens beherrscht wie er. Seine Geschichten sind in ihrem Wesen und im Kern der Sprachgestaltung wahre Erzählkunst, gerade weil die spontane Diktion der gesprochenen Rede ins geschriebene Wort perfekt transportiert ist.

Als ich Herrn Dr. Göttler mitteilte, daß der Kösel-Verlag die Wilhelm-Diess-Bände nicht mehr auflegt, bin ich bei ihm auf konstruktive Empörung gestoßen, dergestalt, daß er – Göttler – meinte, hier sei etwas zu tun, damit die Werke nicht verloren gingen. Mit höchstwertigem Engagement gelang es ihm nach vielfältigen Recherchen, den Töpfl-Verlag für einen Auswahlband zu gewinnen. Das Ergebnis dieser Bemühungen halten Sie in Ihren Händen.

Mein Großvater war zum Zeitpunkt meiner Geburt für damalige Verhältnisse ein relativ alter Mann, nämlich 63 Jahre. Als drittes Großkind und erster männlicher Enkel von Wilhelm Diess habe ich zehn intensive Lebensjahre meinen Opa erlebt. In dieser Funktion bekam ich besondere Aufmerksamkeit, Zuneigung und Herausforderung ab, die mich nachhaltig geprägt haben. So habe ich ihn ständig erlebt. Auf der Eck – seinem geliebten Michlbauernhof – war mir das Privileg zugedacht, ihn in seinem Arbeitszimmer zum Essen oder zu sonstigen wichtigen Verrichtungen abzuholen. Schon der Auftrag, aber erst recht seine Ausführungen haben mich mit Stolz und Ehre, aber auch immer mit Respekt erfüllt. Der Weg über die dunkle Holztreppe hinauf zu seinem Arbeitszimmer war Angst einflößend und von Geheimnissen umwittert. In seinem Zimmer angekommen – nach vorher von ihm stringent eingeführtem Ritual des Anklopfens und Begrüßens – schlug mir Licht entgegen, Licht aus Osten durch das Balkonfenster seines Reiches. Dann habe ich die Nachricht, daß etwas Wichtiges ansteht, überbringen dürfen. Aus meiner Sicht war er ein stets mächtiger, starker und doch unendlich warmherziger, allseits präsenter Mensch. Als Großvater war er für mich immer im Mittelpunkt.

Eine andere nachhaltige Erinnerung verbinde ich mit dem Schwammerlsuchen, einer Lieblingsbeschäftigung von Wilhelm Diess. Dabei war er selbst vom Lebensalter her nicht mehr so mobil, um sich im Unterholz nach den damals noch reichhaltig vorkommenden Rotkappen, Steinpilzen oder Recherln zu bücken. Vielmehr hat er in Begleitung seiner beiden Rauhhaardackel Mira und Bazi mit seinem Stock gebieterisch auf einen Pilz hingedeutet und nur „da!“ gesagt. Ich mußte dann jeden Fund bestimmen, nachdem ich belehrt wurde, den Schwammerl nicht mit der Wurzel herauszureißen, sondern ihn sorgfältig mit dem Messer oberhalb der Wurzel abzuschneiden. Auch beim Putzen der Pilze hat er mich aufgeklärt, daß man Schwammerl trocken absäubert, nicht wäscht, schon gar nicht kocht, sondern in Butter auf der Pfanne brät. Am besten schmeckten übrigens gemischte Pilze.

Eine weitere Instruktion waren seine sokratischen Fragen an mich hinsichtlich der vielfältigen Bergspitzen, ihrer Funktion und Bedeutung, vom Oberland hinüber bis ins Wettersteingebirge. Nie wäre ich von alleine auf den Gedanken gekommen, Gipfel danach zu betrachten, weshalb sie so oder so geformt sind, nach festgelegten Mustern mit Namen, Höhenangaben, Gebirgszuordnungen und manchmal sogar nach Gesteinsarten zu unterscheiden und benennen zu können. Nicht immer waren diese „Schulstunden“ angenehm. Irgendwie hatte ich durch ihn immer das Gefühl, eigentlich nichts zu wissen. Ein Antwortsatz von mir muß ihn wohl recht beeindruckt haben, denn er hat mich bei seinem 70. Geburtstag auf der Eck – zur Belustigung der vielen Gäste – mit dem Ausspruch zitiert: „Oiwei muaß ois i sogn! (wo i's doch gar ned woaß!")

Als dritter von vielen bleibenden Eindrücken an meinen Großvater ist mir seine hervorragende Kenntnis meiner Heimat, des Werdenfelser Lands, im Gedächtnis. Als Kenner aller wichtigen Details bayerischer Geschichte und ihrer Landschaften konnte er mir auch über Garmisch-Partenkirchen Dinge erzählen, die ich erst viele Jahre später so richtig nachvollziehen konnte. Parthanum, die römische Siedlung, sei der erste Ort vorchristlichen Fremdenverkehrs gewesen. Auf ihren Handlungsreisen hätten die Römer den Platz an Kanker, Partnach und Loisach ausgewählt, um bei ihren Geschäften innezuhalten, sich zu erholen, das nördliche Alpenklima zu genießen und den Menschenschlag der Einheimischen so zu schätzen, wie wir heutigen dies immer noch tun.

Eine andere einschneidende Erfahrung habe ich beim Erlernen des Skatspielens machen dürfen. Nachdem ich die Regeln schon mit 7 beherrschte, hatte ich gut zwei Jahre Zeit, diese unter seiner Anleitung anzuwenden. Mit ihm Karten zu spielen, war für mich kein reines Vergnügen, wenngleich mich stets Stolz erfüllte, mitspielen zu dürfen. Seine Skatpartner waren in der Regel der Kiem Pauli, mein Vater Hans Kemser, Tochter Liselotte, Schwiegersohn Helmut Behrens und sein Sohn Hansl. Fehler beim Spielen hat er schwer verziehen. „Karte oder Stück Holz!" war eine erbarmungslose Aufforderung auszuspielen. „Lange Farbe – kurzer Weg!" stand für eine bereits fortgeschrittene Ausspieltaktik. Bei unbedeutender Hand (= schlechtem Blatt) kam der Spruch: „Deklinieren Sie einmal Seeschlacht: Ich seh schlacht, du sehst schlacht..." Beim Ramsch, einer beliebten Variante im Skat, wenn man viele Augen (= Punkte) machte, obwohl man gerade wenig einsammeln sollte, hat er genüßlich gelästert: „Jetzt ist ein Reicher g'storbn!"

Die schönste Erinnerung aber habe ich an die lebendig erzählten und leibhaftig erlebten Geschichten von Wilhelm Diess. Wenn er vom Schüler Stefan, vom Roßknecht Dori, von der Frau Bas oder gar vom kurbairischen Füsilier Johann Weeger erzählte, ging mir das Herz auf, obwohl ich so vieles vom Inhaltlichen und seiner Bedeutung her nicht verstanden habe. Die Namen habe ich bald alle gekannt, und ich habe mir selbst ein konturenreiches Bild jeder einzelnen Persönlichkeit zurechtgelegt. Eine spürbare Aura umgab sein Erzählen, vor allem wenn er frei und aus dem Stegreif redete. Meine Optik war die eines in Geborgenheit integrierten Kindes und stark von den Reaktionen seiner Zuhörer abhängig. Wenn diese gebannt zuhörten, dann befreit gelacht haben, spürte ich die Bedeutung des Anlasses und war stolz, der Enkel meines Großvaters zu sein.

Wenn ich nun die vorliegenden Geschichten in diesem ansprechenden Auswahlband lese, dann sind sie auch für mich „lebendig wie am ersten Tage".

Dafür danke ich vor allem Herrn Dr. Hans Göttler für seine kompetente und glückliche Herausgeberhand und dem Verleger, Herrn Armin Töpfl. Sie haben es möglich gemacht, diese literarischen Juwelen in neuem Glanz erstrahlen zu lassen.

Johannes Kemser

Es brennt

In meinem Heimatdorf war ein Schwesternpaar, zwei nicht mehr ganz junge, unverheiratete Frauen, von denen jede für sich die Weberin hieß. Die zwei Frauen haben ein kleines Ökonomieanwesen gehabt und einen schwunghaften Eierhandel betrieben. Das Haus, das sie bewohnt haben, ist an der Dorfstraße, aber etwas dahinter gestanden, zwischen der Straße und dem Haus ist ein Gemüse- und Blumengarten gewesen, an das Haus angebaut der Stall und im rechten Winkel dazu der Stadel.

An einem Sommertag mittags zwei Uhr – ich war in der Vakanz zu Haus, die Sonne hat geschienen – läutet die Kirchenglocke auf einmal Sturm. Ich hab gewußt, da brennt's, bin auf die Straße herausgelaufen und hab alsbald erfahren, daß es bei der Weberin brennt. Wie ich die Straße hinunterlauf, um schnell zum Brand zu kommen, treff ich den Machl Hans, der ist auch gelaufen, um zu schauen, wo es brennt. Der Machl Hans war ein junger Knecht von neunzehn Jahren und ein anerkannt starker Mensch. Er war nicht sehr groß, aber breit, von entschlossenem Charakter und kurz bei der Hand. Was er sich vorgenommen hat, hat er ausgeführt – im übrigen war er gutmütig. Der ist mir also jetzt begegnet, und wir sind zusammen weitergelaufen und waren bald beim Feuer.

Gebrannt hat der Stadel schon ganz fest. Das Feuer hat zum Dach hinausgeschlagen. Leute waren noch so gut wie keine da. Wir haben uns überlegt, was wir tun könnten. Der brennende Stadel ging uns nichts an, der war für die Feuerwehr reserviert und die war noch nicht da. Also sind wir zum Haus. Zum Haus mußte man durch den kleinen Garten, und der hatte einen Zaun mit einer Tür. Wir hätten durch die Gartentür gehen können. Nach uralter Sitte ist es aber nicht statthaft, bei einem Brand eine solche Gartentür zu öffnen und hineinzugehen, sondern man tritt den Zaun ein und macht sich so einen Weg frei. Wir haben den Brauch geachtet und uns darangemacht, den Zaun umzuschmeißen. Dazu haben wir eine ziemliche Zeit gebraucht, denn der Zaun war fest. Wenn wir darübergesprungen wären, wäre es viel schneller gegangen.

Die Weberinnen sind untätig vor dem Haus gestanden und haben geweint, und wir sind ins Haus hinein, um zu retten. Wir haben gewußt, daß die Weberinnen viele Eier im Haus haben müssen und die haben wir uns zum Retten auserkoren. Die Eiervorräte sind im ersten Stock gewesen, gefüllte Eierkörbe (mit dem richtigen Namen: Schwingen), eine große Menge. Die hätten wir über die Stiege hinuntertragen können – aber das tut man nicht! Wenn's brennt, rettet man die Sachen durchs Fenster. Die Fenster haben jedoch ein eisernes Fensterkreuz besessen, und die Schwingen sind nicht durchgegangen. Da hat der Machl Hans mit seiner ungeheuren Kraft rasch zwei Fensterstöcke aus der Mauer herausgewogen, und jetzt haben wir die Eierkörbe, einen nach dem anderen, sorgfältig aufgenommen und dann durchs Fenster nach unten geschmissen. Was unten angekommen ist, war natürlich hin. Die Leute, die sich auf der Straße angesammelt hatten, haben nicht schlecht geschaut. Aber sie haben sich doch über unsere Arbeit gefreut, haben mit Bewunderung den Rühreierfleck wachsen sehen, sind stehengeblieben und haben gewartet, bis wieder die nächste Ladung heruntergeflogen und zerronnen ist.

Endlich hörte man auch ein Zeichen, daß die Feuerwehr kommt. Unter strenger Vermeidung der ordentlichen Wege ist sie im Galopp dahergesaust, quer durch die Äcker und Felder und Gärten, hat alle erreichbaren Zäune niedergerissen – und hat sich dann am Brandplatz verschnauft, hat einen Platz erkundet, wo sie sich aufstellen könnte, der Feuerwehrhauptmann hat sich um die Ordnung gekümmert, und der Brand hat Zeit gehabt, sich auszubreiten; der Stadel war schon zusammengebrannt, und das Feuer hatte auf das Dach des Wohnhauses übergegriffen.

Man hat uns heraufgerufen, wir sollen schauen, daß wir herunterkommen, das Dach brenne schon.

Der Machl Hans hat gesagt, solange noch Eier da sind, geht er nicht.

Ich war weniger scharf und bin hinunter. Der Machl Hans hat weitergearbeitet, und auf einmal war es für ihn zu spät, über die Stiege hinunterzugehen, da sie schon gebrannt hat. Jetzt hat er nur noch zum Fenster hinaus können. Er hat das auch sofort unternommen, ihm war das gleich, und hat sich angeschickt zum Springen. Da ist was passiert.

An den Fenstern sind Fensterläden aus grün gestrichenen dünnen Brettern, nach außen zu öffnen, festgehalten durch Karabiner. Beim Herausspringen ist der Machl Hans unversehens mit dem Hosenbund an einem Karabinerhaken hängengeblieben; der Haken hat gehalten und die Hose auch – und so ist der Machl Hans dagehängt, mit dem Kopf und den Beinen nach unten. Die Zuschauer, weit entfernt, ihn zu bemitleiden, haben ihre Freude daran gehabt und hellauf gelacht. Der Machl Hans hat lästerlich geschimpft, hat sich die Leute angesehen und gemerkt, die ihn ausgelacht haben – Zeit dazu hatte er. Schließlich hat sich doch etwas gelöst, an der Hose oder am Haken, und er ist heruntergefallen. Passiert ist ihm nichts, nur daß er natürlich in die geretteten Eier hineingeplumpst und über und über gelb wieder aufgestanden ist. Die Leute haben jetzt erst recht gelacht, und der Machl Hans hat sich entfernt, Groll im Herzen.

Die Feuerwehr hat, wie sie gesehen hat, daß es nun genug gebrannt hat, zu löschen angefangen. Das Anwesen der Weberin ist dabei schön langsam bis auf den Grund niedergebrannt. Bald war nichts mehr zu löschen, und nun hat sich der Feuerwehrkommandant umgeschaut nach einem anderen Tätigkeitsfeld. Gegenüber von der Weberin befand sich das Anwesen des Korneder, ein altes, hölzernes Haus mit Stall und Stadel. Der Korneder, ein einschichtiges altes Mandl, ist während des Brandes unter der Tür gestanden und hat mit Besorgnis die Dinge betrachtet. Mein Gott, hat er gedacht, die werden doch nicht zu mir kommen! Sein Haus ist nicht bedroht gewesen, weil der Wind nicht zu ihm her gestanden ist; es ist überhaupt kein Wind gegangen. Aber der Feuerwehrhauptmann hat gesagt, vielleicht kommt der Wind, wer kann das wissen – und wenn er dann auf den Korneder zu steht, dann ist es gar nicht ausgeschlossen, daß das Anwesen Feuer fängt. Die Feuerwehr hat sich also mit dem Anwesen des Korneder beschäftigt. Der hat sich vor die Haustüre gestellt und mit Händen und Füßen abgewehrt, derweil sind sie schon von hinten in den Stall hinein und haben ihm das Vieh ausgelassen. Er hat gebettelt und gedroht, es hat nichts geholfen. Mit ganzer Kraft hat die Feuerwehr ihre Wasserstrahlen auf sein Anwesen gerichtet, zuerst auf das Dach, dann auf die geschlossenen Fenster, die klirrend zusammengebrochen sind, schön eins nach dem anderen, und in kurzer Zeit war das ganze Haus unter Wasser.

Gegen Feuer ist er versichert gewesen, der Korneder, gegen Wasser nicht. Während die Weberin aus der Feuerversicherung ihr Geld bekommen und ihr Anwesen wieder schön aufgebaut hat, haben sie den Korneder zugrunde gerichtet, denn der hat nichts bekommen für den Wasserschaden; und er hat froh sein müssen, daß er nach einer Woche Suchen sein Vieh wieder zusammenbekommen hat.

Die Feuerwehr ist, nachdem sie das vollbracht hatte, zum Postwirtshaus und hat sich dort gestärkt, auf Kosten freilich der Weberin, der das nach dem glücklichen Verlauf des Brandes nicht wehgetan hat. Auch der Korneder hat mitgehalten.

Wie wir das erstemal Fußball spielten

An dem humanistischen Gymnasium der niederbayerischen Stadt, das ich um die Jahrhundertwende besuchte, wurde, als ich eintrat, der Turnunterricht vom Zeichenlehrer erteilt. Dieser Lehrer, der beide Disziplinen beherrschte, war ein ehemaliger Offizier, der durch einen Sturz vom Pferd dienstuntauglich und dann Turnlehrer geworden war, wenn er als solcher auch stark gehemmt war durch die Folgen seines Sturzes. Aber die Anforderungen an die turnerischen Leistungen von Lehrern und Schülern waren damals nicht sehr streng, und beim Zeichnen war's ebenso. Um zu sparen, hatte man dem wackeren Mann auch den Zeichenunterricht übertragen. Er hat nicht gut zeichnen können. In seinem Unterricht hat er gelehrt, wie man Mäander zeichnet und mit grüner oder roter Kreide einfärbt. Der Fortschritt hat im doppelten Mäander, der nur für besonders Begabte erreichbare Gipfel im verschlungenen Mäander bestanden.

Ich habe es leider nur bis zu einem doppelten Mäander gebracht, und der war nicht vorbildlich.

Aber man weiß, die höheren Schulen werden unaufhörlich verbessert. Infolgedessen haben wir eines Tages einen eigenen Zeichenlehrer bekommen und einen neuen Turnlehrer. Der Turnlehrer war ziemlich jung, aber so dick, daß er nicht imstande war, selbst zu turnen, sondern nur beschreiben konnte, wie es gemacht wird. Darin freilich war er leidenschaftlich, und er litt sichtlich darunter, daß er bei der Schilderung der Übungen zu sehr darauf achten mußte, daß wir die vorgeschriebene Ruhe wahrten.

Er hat viel an Geräten turnen lassen, aber sehr vorsichtig. In seinen Plänen dagegen war er kühn. So oft wir ans Reck getreten sind, hat er uns die Riesenwelle genau und eingehend beschrieben, daß wir auf sie geradezu lüstern wurden. Aber niemals ist es zu dieser Riesenwelle gekommen. Denn zum Schluß seiner Schilderung hat er erklärt, die Riesenwelle sei zu gefährlich, die Verantwortung dafür könne er nicht auf sich nehmen. Er hat uns dann Klimmzüge machen lassen. Diese Verantwortung hat er auf sich genommen.

Einen schweren Kampf hat er mit der Disziplin gekämpft. Der Turnlehrer hat es an sich nicht leicht, die Schüler im Unterricht ruhig und aufmerksam zu halten. Ich vermute, das kommt daher, daß die Schüler beim Turnen nicht in Bänken sitzen und deshalb glauben, sie sind nicht richtig in der Schule. Für unsern Turnlehrer ist die Schwierigkeit besonders groß gewesen wegen seiner geringen Beweglichkeit. Es ist vorgekommen, daß Schüler während seiner Schilderungen im Hintergrund für sich turnten, und dabei hätte sich unser Mitschüler Witt auf ein Haar das Kreuz gebrochen. Dieser hat sich einmal, während die Klasse um den Lehrer geschart stand, ans hohe Reck begeben und hat verwegen die vom Turnlehrer beschriebenen Übungen probiert. Dabei hat er das Übergewicht bekommen, ist heruntergefallen, und zwar auf den Schädel. Es hat ungeheuer gekracht.

Der Turnlehrer ist so erschrocken, daß es ihm völlig die Sprache verschlagen hat. Der Witt ist bewußtlos gelegen, wir haben ihn ins Krankenhaus geschafft, und es hat lange gedauert, bis er wieder in die Schule gekommen ist. Indessen hat er keinen bleibenden Schaden davongetragen.

Der Turnlehrer ist von dieser Zeit an noch furchtsamer gewesen, im Beschreiben aber noch kühner geworden als zuvor.

Eines Tages, im Sommer, kam ihm die Idee, wir könnten Fußball spielen. Er hat uns gesagt, daß dieses Spiel neuerdings sehr beliebt sei, sich bei allen Schichten des deutschen Volkes eingeführt habe und für die Jugend äußerst lehrreich sei. Uns hat es gefallen, wie er uns das Fußballspiel so schön beschrieben hat. Einen Fußball hat er auch schon gehabt. Er hat uns in zwei feindliche Parteien geteilt, und dabei mag er schon von einer düsteren Ahnung befallen worden sein, denn er hat uns sehr zur Vorsicht gemahnt und gesagt, es sei nicht so schlimm, wenn der Gegner ein Tor schießt. Dann haben wir aus Latten Tore gemacht, uns entsprechend aufgestellt und auf das Zeichen zum Anfangen gewartet.

Der Turnlehrer hat den Versuch, uns Fußball spielen zu lassen, niemals mehr wiederholt. Er hat nach dem ersten Spiel die Erkenntnis gewonnen, daß wir zu leidenschaftlich sind.

Der Kampf hat damit begonnen, daß der Schüler Binder – Sohn eines Schreinermeisters aus Dingolfing, ein guter Schüler in den alten Sprachen, groß und kräftig und energisch – einem Feind aus kurzer Entfernung den Ball mit einer solchen Wucht an den Bauch geschmettert hat, daß sich dieser nicht mehr um den Ball gekümmert, sondern sich auf den Binder gestürzt und ihn an der Gurgel gepackt hat. Der Binder hat jetzt auch nicht mehr auf das Spiel achten können, weil er schauen mußte, daß er den Angreifer wieder wegbringt. Dieser hat, da er kleiner und schwächer war, Kniffe anwenden müssen, um dem Binder schaden zu können. Der Erfolg ist zwar zunächst nicht ausgeblieben, aber der schwer gereizte Binder hat ihm doch einen Schwinger gegeben, daß er fast am Leben hat verzagen müssen. Die andern Fußballspieler haben sich auch in den Kampf gemengt, und es hat einige Zeit gedauert, bis das Weiterspielen möglich war.

Leider ist es nicht bei diesem Zwischenfall geblieben. Bald darauf ist der Schüler Zwick so ans Schienbein getreten worden, daß er mit einem Wehlaut umgefallen ist. Niemand konnte sich um ihn annehmen, da der Ball vor einem Tor war, und er ist klagend vom Spielfeld abgegangen, nachdem er eine Zeitlang am Boden gelegen war.

Nach einiger Zeit ist das Spiel etwas ins Stocken geraten. Es ist ein großer Streit darüber entstanden, zu welcher Partei die einzelnen Spieler gehören. Das hat niemand mehr richtig gewußt. Auch die Tore waren verlassen, weil die Torwächter nicht eingesehen haben, warum ausgerechnet sie so herumstehen sollen. Wir haben versucht, die Schwierigkeiten dadurch zu beseitigen, daß wir aufeinander losgeschlagen haben. Der Turnlehrer ist händeringend dabeigestanden und hat sich überlegt, wie er uns auseinanderbringt. Dann hat er den größten Fehler gemacht, den er machen konnte, er hat sich unter uns gemischt, um uns zu trennen. Bevor er richtig zupacken kann, liegt er schon am Boden, und dank seiner Unbeweglichkeit kann er sich nicht wieder erheben; und in einer großen Staubwolke um ihn herum wogt der Kampf auf und nieder.

Das war der Abschluß des Spieles. Der Turnlehrer, wieder auf den Beinen, hat uns befohlen, den Ball abzuliefern. Aber der Fußball war nicht mehr da. Die einen haben die Ansicht vertreten, er sei vielleicht vollkommen zertreten und in den Boden gestampft worden, die anderen haben gemeint, er sei fortgeschossen worden in unbekannte Fernen. Jedenfalls ist er nicht mehr zum Vorschein gekommen. Der Turnlehrer ist nicht böse gewesen. Er hat gesagt, er sieht ein, daß man siebzehnjährige junge Menschen, wenn sie Niederbayern sind, nicht Fußball spielen lassen darf, ohne sie dazu vorzubilden. Er war ein Franke, und das Fußballspiel war damals bei uns unbekannt.

Der Schüler Stefan

Das Schulzimmer der siebenten Klasse unseres Gymnasiums lag nach Süden und hatte Aussicht auf einen prächtig bewaldeten Hügel. Im Sommer bei scheinender Sonne war es sehr heiß. Vorhänge gab es nicht. Nachmittags zwischen zwei bis drei Uhr lasen wir zweimal in der Woche Homer bei einem Lehrer, der äußerst langweilig war. Die einzige Aufhellung der Eintönigkeit seines Unterrichts war es, wenn wir einen Witz, den er gemacht hatte, bestätigen konnten. Es war Aufmerksamkeit nötig, den Augenblick nicht zu verpassen. Den Witz selbst erkannten wir in den seltensten Fällen. Aber der Lehrer pflegte ihn mit einem kurzen trockenen Lachen zu begleiten, wobei er die Augen schloß und das Buch etwas von sich abhielt. Wenn es so weit war, lachten die Schüler, die es bemerkten, laut grölend – wie man halt lacht, wenn man nicht weiß, warum – in die Stille der Schulstube hinein, und donnernd folgte die ganze Klasse. Das freute den Lehrer. Uns freute das Lachen, das stürmische Brüllen, das wir sonst nie von uns geben durften, ohne getadelt, mit häßlichen Bezeichnungen belegt und eingesperrt zu werden.

Es war so schön, daß Schüler, die sommers in der Homer-Stunde eingeschlafen waren, von den anderen geweckt wurden, um sich am Lachen zu beteiligen. Man möchte meinen, der Lärm dieses Gelächters hätte schlummernde Schüler ohnehin geweckt. Aber Gymnasiasten im gottgesegneten Alter so um siebzehn herum haben in allen Dingen des Lebens ihre eigenen Gesetze. Ihr Schlaf in Schulstunden ist von Geheimnissen umwittert. Ich muß jedenfalls bestätigen, daß ich nie erwacht bin, wenn ich nicht geweckt wurde.

Da ist neben mir in der Bank der Schüler Stefan gesessen,

ausgezeichnet durch steifen Haarwuchs und knappe, ruckweise Bewegungen, schweigsam, aber beredten Auges. Der hat einmal, tief über den Homer gebeugt, geschlafen, als er aufgerufen wird, um in der Übersetzung fortzufahren. Ich stoße ihn mit dem Ellenbogen an, er hebt ein wenig den Kopf in die Höhe, öffnet die Augen nicht, wohl aber den Mund weit, stößt ein kräftiges Ha-Ha aus und senkt mit sichtbarer Befriedigung, die Pflicht, zu lachen, nicht versäumt zu haben, den Kopf wieder auf den Arm, um weiterzuschlummern.

Der Lehrer hat nichts begriffen und hat überraschte runde Augen auf den Stefan gemacht. Die Klasse hat sich gleich ausgekannt und hat auf mich geschaut. Meine Aufgabe ist keine einfache gewesen, das haben meine Mitschüler gewußt. Ich habe den Stefan, so gut ich konnte, aufs neue gestoßen und, als er eine unwillige Abwehrbewegung gemacht hat, ein wenig getreten. Jetzt hat er gemeint, er hat zu wenig gelacht, hat sich halb aufgerichtet, bei geschlossenen Augen mit voller Kraft einige Male Ha-Ha gebrüllt – und den Kopf wieder hineingesteckt. Da ist eine Stille in der Klasse gewesen, wie sonst gar nie. Ich habe mich nicht mehr darum gekümmert, ob der Lehrer mich beobachtet, sondern bin dem Stefan nun mit dem Stiefelabsatz an das Schienbein gefahren, daß er als Toter hätte aufwachen müssen, und habe ihm gesagt, er ist aufgerufen und muß aufstehen und übersetzen.

Da hat er sich erhoben und hat mit blutrotem Kopf den Homer zur Hand genommen und seinen Blick darein versenkt. Unterdem hat sich der Lehrer, helles Entsetzen in seinen blauen Augen, beschwörend zur stillen Klasse gewandt und hat mit leiser Stimme gesagt: „Es ist ein Wahnsinniger unter uns." Zum Stefan aber hat er sich freundlich gewendet: „Setzen Sie sich, es ist gut."

Das tosende Gelächter, das sich nun erhoben hat, hat er nicht verstanden. Es hat ihn aber angesteckt, und er hat, gutmütig wie er war, schließlich mitgelacht. Der Stefan und ich auch. Der Stefan ist im Kriege gefallen.

Das Zahnweh

Als Student auf der Münchener Universität habe ich einmal mitten in einer Vorlesung Zahnweh bekommen, so heftig und unangenehm, daß ich unverzüglich beschlossen habe, zum Zahnarzt zu gehen. Ich habe gewußt, daß einer in der Nähe ist. Ich habe ihn nicht gekannt, aber sein Schild ist mir aufgefallen, und ich hatte es mir gemerkt.

Zu diesem Zahnarzt bin ich also hingegangen. Es war ein kleiner runder Mann. Er war sehr begeistert, wie er mich gesehen hat. Er hat gesagt, er habe neue Apparate, einen Röntgenapparat und noch einige andere.

Den Zahn, den er mir ziehen müsse, könne er natürlich gleich herausnehmen. Aber es wäre doch etwas anderes, wenn er mit seinen neuen Apparaten zuerst Untersuchungen anstelle, dazu nämlich hätte er sie, und ich bräuchte dafür nichts zu bezahlen. – Nun bin auch ich begeistert gewesen, denn die Apparate waren groß und eindrucksvoll. Ich habe mich also bereit erklärt, ihm zu dienen, damit er seine neuen Apparate verwenden könne, und habe mich in den bekannten Stuhl gesetzt.

Zunächst bin ich auf eine Weise photographiert worden, wie ich es bis dahin noch nicht erlebt hatte. Der Zahnarzt hat mir ein Stück viereckiges Metall mit scharfen Kanten in den Mund hineingepreßt, daß ich gemeint habe, er schneidet mir die Zunge heraus. Ich dachte, das wird er vielleicht nicht wissen, da er den Apparat nicht kennt, und die Zunge war gut und fehlerfrei, ich wollte sie nicht verlieren. Ich wollte ihn aufmerksam machen, aber ich konnte nicht sprechen, da die Zunge durch das Metallstück behindert war. Ich habe versucht, mich durch Zeichen verständlich zu machen. Auch das hat aber nichts genützt, denn er hat es nicht verstanden. Er hat sogar gemeint, das Metallstück ist noch nicht weit genug drinnen, und hat es noch mehr hineingepreßt. Dazu hat er gesagt, ich soll mich vollkommen ruhig verhalten und auch die Augen schließen, was mir aber nicht ganz geglückt ist, ein Blinzeln ist übriggeblieben. Dann ist er mit einer Kugel auf mich hergefahren, die Kugel hat plötzlich einen ungeheuren, feurigen Strahl von sich gegeben, und dann hat es fürchterlich gekracht, daß ich sehr erschrocken bin. Denn bis dorthin hatte ich nicht gewußt, daß man auch mit Donner und Blitz photographieren kann.

Dann hat er das Messer aus meinem Mund herausgenommen, und ich hab ihm erklärt, daß ich gemeint habe, er schneidet mir die Zunge heraus. Nein, das sei nur die photographische Platte gewesen; diese werde er entwickeln, das dauert aber einige Zeit, bis morgen oder übermorgen. Ich selbst könne auf der Platte nichts sehen, das wolle er mir von vornherein sagen.

Ich habe an mein Zahnweh gedacht und ihn gefragt, ob nicht eher etwas zu machen wäre, er hätte doch mehr Apparate. Er hat gemeint, das Photographieren geht nicht schneller; aber er könne von außen aufschneiden und schauen, was los sei in meinem Kiefer.

Da ist so ein Tablett gewesen, auf dem allerhand spitzige Instrumente gelegen sind. Er hat ein lanzenartiges, spitziges Messer genommen und gesagt, ich solle es ihm rechtzeitig sagen, wenn er auf dem Knochen ist. Nun hat er mit einer Hand meine Unterlippe an sich gezogen, mit der anderen hat er das Messer gezückt. Da ist mir klar geworden, daß er jetzt keine neuen Apparate mehr verwendet, und da hab ich auf einmal gespürt, wo mein Magen seinen Sitz hat. Ich hab mich aber zusammengenommen, und – da ich die Zähne nicht aufeinanderbeißen konnte, hab ich mich schnell an meine Kinderzeit erinnert, um mich abzulenken. Zwar ist mir nur eingefallen, wie ich einmal im ersten Frühjahr einen Igel aufgestöbert und mich an ihm gestochen habe. Das hat so weit geholfen, daß sein Messer zunächst nicht sehr geschmerzt hat, und ich hab mir gedacht: wartest noch ab; aber mit einem Mal hat's sehr weh getan, und auf dem Knochen war er auch schon. Ich hab mit heiserer Stimme gesagt: jetzt langt's; aber er war mir schon zuvorgekommen.

Jetzt werde er etwas hineinspritzen, belehrte er mich dann, das brauche Zeit, bis es wirkt; nach einer halben Stunde könne er weiterarbeiten. Er hat eine riesige Spritze gebracht, ist mir in den Mund hineingefahren und hat mir die Spritze in die Wunde gepreßt. In mir hat sich Widerstand geregt, ich konnte mich aber nicht wehren.

Dann bin ich ins Wartezimmer entlassen worden. Dort saßen einige andere Patienten. Wie die mich gesehen haben, sind sie wortlos aufgestanden und haben das Zimmer verlassen. Man kann sich also vorstellen, wie mich der Mensch zugerichtet hat. Nach einer halben Stunde war mein Gesicht so aufgeschwollen, daß meine nächsten Verwandten mich nicht mehr erkannt hätten.

Jetzt hat er mich wieder geholt, der Zahnarzt, und ich habe mich wieder auf den Stuhl gesetzt. Er hat gesagt, ich muß den Kopf zurücklegen und zur Decke hinaufschauen. Aber das hab ich doch gesehen, wie er wieder mit so einer Glasplatte daherkommt voll Messer, Spritzen, Feilen, Zangen und dergleichen. Da ist eine ruhige Entschlossenheit über mich gekommen.

Wie er sich so auf mich herbeugt, packe ich ihn links beim Kragen und rechts beim Hosenboden und hebe ihn an mir vorbei hinüber über den Stuhl. Er ist drüben auf dem Kopf gelandet und hat sich überschlagen, weil ich ihn vorzeitig auslassen mußte, ich saß doch hoch auf dem Stuhl.

Worauf er sich beschwerte, so was sei ihm noch nicht vorgekommen, ich solle zu einem anderen Arzt gehen, er würde die Behandlung abbrechen. Ich sagte ihm, ich sei über seine Art, einen Zahn zu ziehen, gar nicht erbaut; und er sagte, so grobe Leute wie mich möchte er überhaupt nicht behandeln.

So haben wir uns einige Zeit ausgesprochen. Ich bin dann vom Stuhl heruntergestiegen, und wir sind im Unfrieden geschieden. Er hat kein Interesse mehr gezeigt an meinem Leiden, und ich keines mehr an seinen Apparaten. Es hat eine Woche gedauert, bis mich ein anderer Arzt wieder zurechtgemacht hat.

Nach Jahren hab ich den Zahnarzt einmal auf der Trambahn getroffen. Ich bin auf der hinteren Plattform gestanden, er ist zugestiegen. Wie er mich sieht, rennt er in den Wagen und auf die vordere Plattform. Ich bin ihm nach, um ihm zu sagen, daß ich keinen Groll mehr im Herzen trage. Er aber hat es nicht dazu kommen lassen. Er ist, was nicht erlaubt ist, von der fahrenden Trambahn abgesprungen.

Gesangsunterricht

Nicht aus Einbildung, Gold in der Kehle zu haben, oder weil mich Ehrgeiz verblendet hat, habe ich einmal Gesangsunterricht genommen, sondern aus Neugierde. Ich habe keinen anderen Zweck verfolgt, als zu erfahren, wie man es macht, wenn man es richtig macht.

Als junger Mensch nämlich habe ich einen großen Teil meines Unterhaltes dadurch verdient, daß ich auf Kirchenchören, Friedhöfen, im Theater und wo sonst Gelegenheit war, gegen Vergütung gesungen, richtiger: mitgesungen habe. Dabei habe ich aus allernächster Nähe Männer und Frauen mit weitberühmten, bedeutenden Stimmen singen hören. Das hat mich neugierig gemacht und hat mir keine Ruhe gelassen. Als ich so weit war, daß ich durch andere Arbeit als durch Mitsingen mein Brot verdiente, also sozusagen aufgehört hatte, zu singen, bin ich darangegangen, Singen zu lernen. Ich habe mich nach einem Gesangslehrer erkundigt. Unter den vielen, die mir genannt wurden, habe ich einen Tenor ausgewählt, der ehemals als Bühnensänger und jetzt als Lehrer einen guten Namen hatte; zu ihm habe ich mich begeben.

In einem mäßig großen Zimmer einer Etagenwohnung, in dessen Mitte ein Flügel stand, an dessen Wänden ältere Lorbeerkränze hingen und Photographien unbürgerlichen Ausmaßes mit gewaltigen Unterschriften, das auch einige Plüsch-Sitzgelegenheiten aufwies, habe ich gewartet, ziemlich lange. Dann ist der Meister, ein kleiner, kugeliger Mann im Samtjackett, hereingekommen, so als ob er meinetwegen eine dringende Arbeit vorzeitig abgebrochen hätte und auf dem kürzesten Weg zu mir geeilt wäre. Auf diese Weise habe ich gesehen, wie sehr er beschäftigt war, wie er aber trotzdem bereit sei, sich meiner anzunehmen, möchte ihm das auch noch soviel Hetze kosten.

Mit großer Herzlichkeit hat er mich nach meiner Stimme gefragt. Als ich ihm antwortete: „Baß”, lächelte er und erkundigte sich, woher ich das wüßte, ob ich denn schon einmal Gesangsunterricht gehabt hätte. Ich antwortete, Unterricht hätte ich nicht gehabt, und daß ich eine Baßstimme habe, hätte ich aus Klang und Umfang der Stimme geschlossen.

Nun ist er ernst geworden. Er hat erklärt, für ihn stünde außer Zweifel, seit er das erste Wort aus meinem Munde gehört hätte, daß ich eine Tenorstimme hätte, und nun habe ich ihm etwas vorsingen müssen. Er hat sich zu einem Notenstapel begeben, unweit des Flügels, und hat prüfend dort herumgesucht. Halb zu mir gewendet, hat er mich gefragt, was ich singen könnte, ob Lieder oder Arien, und auf meine Antwort, das sei mir gleich, hat er einen roten Band „Lohengrin” herausgegriffen, hat den Flügel aufgeschlagen und hat sich, durch meine Antwort sichtlich etwas verdutzt, daran gesetzt, wobei er mit beiden Armen gleichzeitig höchst eindrucksvoll nach etwas Unsichtbarem gegriffen hat. Dann hat er im „Lohengrin” herumgeblättert, ich habe bemerkt, daß er manche Stellen in die engere Wahl zog, aber als ungeeignet doch wieder verwarf, nachdem er mich kurz betrachtet hatte. Schließlich ist er beim „Heerrufer” angekommen. Er hat mich ermunternd angeschaut, hat mit einem Finger auf dem Flügel das D angeschlagen, worin die Begleitung besteht. Ich muß erwähnen, daß ich später gesehen habe, daß der Meister des Klavierspiels völlig unkundig war und die Auswahl der vorzusingenden Stücke danach traf.

Ich habe nun nach Kräften den „Heerrufer” gesungen und habe mir ein anerkennendes Wort erhofft. Statt dessen hat mich der Meister maßlos erstaunt angesehen und gefragt, ob ich der Meinung sei, ich hätte gesungen. Hier liege ein ganz großer Irrtum vor. Dann ist er aufgestanden und hat mich aufgefordert, einmal ihn anzuhören, vielleicht würde ich dann verstehen, was Singen heißt.

Er hat die Gralserzählung gesungen. Bestürzt und voll Bewunderung über soviel Stimmgewalt, die die Fensterscheiben klirren gemacht hat, bin ich auf einen Plüschsessel geglitten. Der Meister ist mit diesem Eindruck zufrieden gewesen. Er hat gesagt, wenn ich bei ihm Unterricht nähme, die halbe Stunde koste für mich vorzugsweise zehn Mark, lerne ich bald so zu singen wie er. Mein Tenor gäbe das her. Diese Aussicht hat der Honorarforderung die Bitterkeit etwas genommen, ich habe ihn gebeten, er solle nur gleich anfangen.

Der Unterricht hat mit einer Aufklärung begonnen. Der Mensch ist, hat er mir auseinandergesetzt, höchst unvollkommen zum Singen eingerichtet. Zur Erzeugung des Gesangstones sei zwar alles da, was nötig ist, auch die für die Resonanz äußerst wichtige Schallplatte sei in Gestalt des Gaumens vorhanden, allein die Wirkung dieser Schallplatte sei schwer beeinträchtigt dadurch, daß sie mit weichen Wangen bedeckt sei. Die Kunst des Singens bestehe darin, diesen Übelstand zu beseitigen. Das geschähe dadurch, daß man während des Singens die Wangen möglichst weit vom Gaumen abhebe.

Er hat es mir gezeigt, und richtig sind seine runden Bäcklein beim Singen schön in die Höhe gegangen. Ich habe fleißig daran geübt, erst ganz ohne Töne, dann mit kurzem, abgerissenem Ton. Es ist nicht leicht und sieht auch nicht gut aus. Nach einiger Zeit habe ich gefragt, was es mit dem Singen sei. Er hat geantwortet, er sagt es mir schon, wenn es so weit ist. Das hat mir zu lange gedauert, und ich habe ihn verlassen und bin zu einem anderen Lehrer gegangen, einem dunkeläugigen Mann in den besten Jahren.

Das erste, was dieser hat wissen wollen, war, ob ich schon Gesangsunterricht gehabt hätte. Das habe ich verneint. „Gut", sagte er, „und was haben Sie für eine Stimme?"

„Tenor."

„So, wie kommen Sie denn darauf?"

„Hören Sie das nicht an meiner Sprechstimme?" Nein, das höre er nicht, aber wir würden ja sehen.

Er hat mir ein Lied in Tenorlage vorgelegt. Ich mußte mich vor ihn stellen und singen. Er hat mich begleitet. Die hohen Töne habe ich nicht herausgebracht. Er hat mich aufmerksam betrachtet.

„Tenor sind Sie nicht, Sie haben eine Baßstimme. Aber was machen Sie denn eigentlich? Sie schneiden ja Gesichter, als wenn Sie den Veitstanz hätten."

„Ich schneide gar keine Gesichter", sage ich, „sondern hebe einfach der Resonanz wegen die Wangen von der Schallplatte weg. Sie wissen doch, wie das ist."

Er hat es nicht gewußt. Ich habe es ihm erklärt, worauf er gesagt hat, einen solchen Mist hat er in seinem ganzen Leben noch nicht gehört, und man sähe daraus, wie notwendig Gesangsunterricht ist, weil den Leuten sonst solcher Mist einfällt.

„Der Mensch hat einen Kehlkopf und Stimmbänder, damit singt er: Am Kehlkopf sitzt ein Ventil, an dem müssen Sie trainieren. Höhe und Stärke des Tones wird mit diesem Ventil reguliert. Im übrigen merken Sie sich: Tenor und Baß unterscheiden sich im Timbre der Stimme, nicht in der Höhenlage. Bei mir muß ein Baß hoch singen lernen und ein Tenor tief."

Der Unterricht war anstrengend. Ich mußte strammstehen, hoch singen, was ich gar nicht kann, und mit den Fäusten nach abwärts stoßen, wenn ein lauter Ton fällig war. Das Ventil an meinem Kehlkopf war diesem Training nicht gewachsen. In kurzer Zeit ist mir jeder Ton umgefallen, und ich habe mehr gehustet als gesungen. Nun bin ich abgewandert zu einer Lehrerin, deren Methode viele Gesangstudierende – solche habe ich allmählich in großer Zahl kennengelernt – auf das äußerste rühmten. Die stattliche Frau, ganz Brustkorb, fragte mich mit sonorer Stimme, ob ich schon Gesangsunterricht gehabt hätte.

„Nein", sagte ich.

„Das ist gut", rief sie beschwörend aus, „und Ihre Stimme?"

„Baß!"

„Wir wollen sehen."

Ich mußte singen: „O Isis und Osiris." Nun habe ich immer mit äußerster Kraft Höhe trainiert und habe keinen tiefen Ton mehr in der Kehle. Dieses Unvermögen schmerzt mich in diesem Augenblick sehr. Ich arbeite an dem Ventil herum und schlage mit den Fäusten, um die widerspenstigen Töne herauszubringen, es hilft aber nichts, sie kommen gehaucht.

„Was sind das für Manieren? Sie verwechseln Boxen mit Singen. Warum schlagen Sie so um sich?"

Ich erläutere ihr, daß ich dem Ventil Hilfsstellung leiste.

„Mein lieber Herr", sagt sie langsam, und ihre Stimme klingt wie ein Gong, der das letzte Zeichen vor Beginn eines Stückes gibt, „danken Sie Gott, der Sie zu mir geführt hat, Sie stehen vor einem Abgrund. Die saubere Theorie, die Sie sich erdacht haben, hätte Sie in kurzer Zeit für immer Ihrer Stimme beraubt, aber noch ist es Zeit."

„Singen ist klingender Atem, Atmen ist alles, aber bewußt atmen, richtig atmen, strömend atmen. Der Atem entsteht im Bauch des Menschen, bei jedem Menschen an einem anderen Punkt im Bauch. Diesen Punkt kann man nicht genau beschreiben, aber sich genau vorstellen. Von diesem gedachten Punkt wandert der Atem zunächst an eine Stelle im Rücken, von dort steil aufwärts zum weichen Gaumen und dann durch den Mund ins Freie. Die Strecke vom Rücken zum weichen Gaumen ist für den Sänger die wichtigste. Alles kommt darauf an, in welcher Verfassung der Atem, der tönende Atem, an den weichen Gaumen stößt. Von dort weg macht er seine Sache dann schon selber. Der Atem des Menschen, lieber Herr, ist von Natur ungebärdig. Wir müssen ihn zügeln und erziehen. Gerade an der Rückenstelle will er oft seine eigenen Wege gehen. Dort muß er festgehalten und gemeistert werden."

Sie hat mir einen Stock durch die rückwärts gebogenen Arme gesteckt, wie man es bei jungen Mädchen macht, die sich nicht geradehalten, und hat gesagt, wenn der Atem vom gedachten Punkt des Bauches im Rücken angekommen ist, muß ich den Stock anpressen und den Atem aufhalten. Ich muß scharf aufpassen, daß er mir nicht durchkommt. Dann muß ich ihn in Gedanken genau in die Richtung des weichen Gaumens einstellen und, ehe er recht weiß, wie ihm geschieht, wie einen Pfeil aufwärts schießen – nicht vergessen darf ich, den Stock dann wieder zu lockern.

Ich habe mit dieser Methode Schwierigkeiten gehabt. Ich bin schon mit dem gedachten Punkt nicht zurechtgekommen und habe mich immer zu lange bei ihm aufgehalten – inzwischen war der Atem weiß Gott wohin entflohen. Vor allem aber bin ich seiner im Rücken nicht Herr geworden. Manchmal habe ich zu früh mit dem Stock gepreßt und wäre fast erstickt. Manchmal habe ich den Atem gerade noch beim Zipfel erwischt, und die Folge war ein unerfreuliches Gekeuche. Immer aber war ich ganz erschöpft, wenn der Atem glücklich am weichen Gaumen war, und der Atem war es auch. Kraftlos entfernte er sich, von Strömen und Klingen war keine Rede. Man hat überhaupt nichts gehört.

Der nächste Lehrer hat mich, als ich ihm vorsang, dauernd aufgefordert, gefälligst das Maul aufzumachen – er war ein rauher Mann. Auch er war befriedigt, daß ich noch keinen Unterricht gehabt hatte. Ich habe ihm eine kleine Übersicht über die Art, zu singen, wie ich sie bisher gehört hatte, verschafft, was ihm Anlaß zu ganz häßlichen Ausdrücken gegeben hat.

Er hat meine sonderbaren Methoden um so weniger begriffen, als der Vorgang des Singens so ungeheuer einfach und in seinem Ablauf so klar ist. Jedermann weiß, daß der Ton beim Maul herauskommt – dieser Lehrer hat nun einmal nicht anders geredet –, und in diesem Augenblick muß er klingen, und zwar schön. Was er weiter hinten macht, ist ganz gleichgültig, vorne muß er in Ordnung sein. Die Kunst besteht darin, ihn richtig nach vorne zu bringen. Der Ton nämlich treibt sich gerne im Hintergrund herum und fährt dann bei erster Gelegenheit irgendwo zum Maul heraus, wenn er nicht gar durch die Nase zieht, wo der Mensch, worauf er mich hiermit ein für allemal aufmerksam macht, entgegen der Meinung einiger übelberatener Gesanglehrer, keine Stimmbänder besitzt. Das ist dann natürlich nicht gesungen.

„Der Ton muß vor!" sagt er und lockt mit gewölbter Hand aus seinem geöffneten Mund irgendetwas heraus, was ich nicht sehen kann. „Die Vokale sitzen in folgender Reihenfolge am Gaumen: i, e, o, u, a. I ist ganz vorne, a ganz hinten. Alle Vokale müssen dahin, wo das i schon ist, verstanden? Nebenbei bemerkt: die Konsonanten werden wie Vokale behandelt, sie müssen vor und müssen gesungen werden, nicht geräuspert." Mein Stimmaterial, sagt er, ist gut. Er sieht mir das an. Es lohnt sich, Mühe darauf zu verwenden.

Er fragt nicht, ob ich Tenor oder Baß bin. Das wundert mich, und so frage ich ihn; vielleicht sieht er mir das auch an.

„Törichte (er gebraucht ein anderes Wort) Frage eines Unwissenden (auch hier drückt er sich anders aus)! Erstens spielt das keine Rolle, weil man so und so anständig singen muß, und zweitens wird das erst am Schluß des Unterrichtes vom Lehrer festgestellt. Seien Sie ganz ruhig (ich habe gar keine Unruhe gezeigt), Sie erfahren das schon rechtzeitig."

Der Unterricht hat begonnen: „V o r mit dem Ton! Man muß es dem Ton leicht machen, so leicht, daß er überhaupt nicht mehr anders kann, als sich auf die richtige Stelle begeben. Man schiebt die Oberlippe nach oben, die Unterlippe nach unten. Gut. Und nun wölbt man den Mund, rundet ihn." Das ist schwierig, und ich kann es nicht.

„Machen Sie einen Mund, wie wenn Sie küssen."

„Wen?"

„Wen? Das ist doch gleich, irgend jemand."

„Bitte sehr, das ist doch nicht gleich. Der Mund – das ist

doch ganz verschieden, je nachdem eine alte Dame oder sonst wer am Bahnhof ..."

Er läßt mich nicht ausreden.

„Ach du lieber Gott, nicht einmal das verstehen die Schüler!"

„Ich will's ja gerne lernen, machen Sie mir's doch bitte vor."

Jetzt zeigt er's mir. Er schiebt die Lippen vor und bildet mit ihnen einen seltsamen Kreis. Ich habe so was nie gesehen gehabt und wäre im Leben nicht darauf gekommen, daß das sozusagen die Grundstellung für den Kuß ist.

Mir ist es versagt geblieben, diese Form zu bilden. Indessen – dazugelernt habe ich auch bei diesem Lehrer, vor allem deshalb, weil ich gelegentlich habe singen dürfen. Ich habe mich aufrichtig gefreut, wie ich meine Stimme wieder gehört habe. Ich bin von einem anderen Lehrer noch darüber unterrichtet worden, daß der Ton seine beste Resonanz in der Gegend der Nasenwurzel erfährt und daß man ihn dorthin leiten und dort klingend machen muß und daß es keinen Vorwurf, sondern hohes Lob bedeutet, wenn ein Ton nasal klingt.

Meine Frage nach der Lage der Stimmbänder hat ihn nicht verwirrt, er ist sie scheint's gewohnt gewesen.

„Die Stimmbänder sind notwendig, gewiß, kein Mensch leugnet das; es gibt auch Leute, die mit nichts anderem als Stimmbändern singen, das sind die Naturburschen. Aber zum Singen – zum Singen gehört denn in Gottes Namen doch etwas mehr."

Der Krieg hat meinen Bemühungen, richtig singen zu lernen, ein Ende gemacht. Ich bin im August 1914 eingerückt und habe dann vier Jahre Unterricht bekommen, wie sich Theorie und Praxis zueinander verhalten und was richtig klingt und was falsch.

Das Motorrad

Das Motorrad zieht den Menschen vermittels berauschender Vorstellungen an sich heran und stößt ihn von sich, wenn er den Verlockungen erlegen ist.

Wann das Motorrad erfunden worden ist, weiß ich nicht; ich weiß nur, daß es erfunden worden ist, weil es frei in der Natur nicht vorkommt und viele Menschengeschlechter vor uns von ihm keine Ahnung gehabt haben und daß das um die Zeit gewesen sein muß, da ich ein junger Mensch war.

Damals nämlich, zu Ende des vorigen Jahrhunderts, hat der Mechaniker meines Heimatortes ein Motorrad in unsere ländliche Stille eingeführt, das seltsam anzusehen war, ungeheuer von sich hergemacht hat und jedenfalls erheblich schneller gelaufen ist, als unser einheimischer Radrennfahrer hat fahren können.

In einer Sommervakanz ist es so weit gekommen, daß ich den Mechaniker dazu bewogen hab, mich einmal mit dem Motorrad fahren zu lassen. Der Wunsch, auf diesem Rad dahinzustürmen, hat mich nicht mehr losgelassen, obwohl ich ohne Zuversicht an das Unternehmen herangegangen bin, weil zwischen mir und jeglicher Maschine seit meiner Kinderzeit bittere Feindschaft gesetzt ist.

Maschinen, die jedermann willig dienen und sich von Kindern als von ihresgleichen behandeln lassen, werden widerhaarig und boshaft, sperren sich, verweigern jede Leistung, schlagen vorn und hinten aus, wenn sie mit mir zu tun haben. Ich meinerseits liebe sie nicht und habe auch keine zu große Achtung vor ihrer Leistung, weil sie meistens nur eine einzige Sache können, die sie wie wild immerzu verrichten, und weil sie überhaupt immer das gleiche tun m ü s s e n , wenn sie jemand in Gang setzt. Kurz gesagt, mir ist eine Geige lieber als ein noch so großer und starker Elektromotor. Ich verstehe auch nichts von Maschinen und bin froh, wenn ich merke, was vorn und hinten ist.

Trotzdem habe ich dem Motorrad nicht widerstehen können. Der Mechaniker hat mir erklärt, wie ich mit den verschiedenen Hebeln vor und hinter dem Sattel umgehen muß – ein Motorrad hat damals beträchtlich anders ausgesehen als heute –, und hat mich auf die Reise geschickt. Ein Sommertag hat sich mit Pracht verabschiedet, als ich losgefahren bin. Die wenigen Erntewagen, die noch unterwegs gewesen sind, haben mich nicht gestört, aber eine heimwärtsziehende Kuhherde, die vor mir aufgetaucht ist, hat mir warm gemacht. Ich habe gehupt, daß die Trompete mit dem angesetzten Gummiballon gräßliche Schreie ausgestoßen hat, und habe dadurch erreicht, daß die Kühe, die schon durch den näherrückenden Donner meines Motors geängstigt waren, rechts und links von der Straße gestoben sind und mir den Weg freigemacht haben. Der Hirte, der Irnfrieder Martl, hat mich nicht erkannt, sonst wäre er freundlicher gewesen. Der hat sich nämlich so geärgert darüber, daß ihm die Kühe davon und in die Felder gelaufen sind, was ihm viel Tadel durch die betroffenen Bauern in Aussicht gestellt hat, daß er sich zunächst einmal nicht um die Kühe, sondern nur um die Ursache seines Mißgeschicks, das Motorrad und den Fahrer, gekümmert hat. Er hat sich an den Straßenrand gestellt, hat mit seiner langen Geißel ausgeholt und mich so erwartet. Wenn ich auch ganz unerfahren gewesen bin im Motorradfahren, so viel habe ich leicht fertiggebracht, daß ich auf den Martl zugehalten und ihn so gezwungen hab, sehr schnell in den Graben zu springen. Der Hieb mit der Geißel, den er trotzdem unerschrocken geführt hat, ist daher kraftlos und ohne Direktion gewesen. Er hat versucht, mich zu verfolgen und von hinten noch einen Schlag anzubringen, aber das war ja lächerlich. Auch seine Ausrufe haben nichts bedeutet, weil ich sie im Lärm der Fahrt nicht verstanden hab.

Die Fahrt hat mich zwar nicht so ungeheuer beglückt, als ich mir vorgestellt hatte, aber sie ist doch prächtig gewesen und passiert ist nichts – bis zum Schluß. Ich bin wieder im Dorf gewesen und beinahe am Ziel, als mir in einer Kurve ein hochgeladenes Fuder Hafer daherkommt. Der Zwicklbauer Hans hat es gefahren, so unbekümmert, wie es damals noch möglich gewesen ist; ich muß gründlich ausweichen, rutsche aus und breche in den Garten des Sattlers Gruber ein. Der Zaun kracht zusammen, das Rad und ich liegen am Boden, der Motor arbeitet noch kurze Zeit, gibt noch einen Seufzer von sich und ist dann still. Ich lasse das Rad liegen und renne davon. Unter gar keinen Umständen will ich vom Sattler Gruber erwischt werden. Der ist mit Abstand der gröbste Mensch weitum und schlagt mich her, daß ich am Leben verzagen muß, wenn er sieht, was ich gemacht hab.

Ich sage dem Mechaniker, was sich ereignet hat, und rege an, er soll das Rad holen, er kann ja dem Sattler erzählen, daß ein anderer, den er nicht kennt, ohne Erlaubnis mit dem Rad gefahren ist. Das lehnt er aber rundweg ab und erklärt, wir müssen das Rad bei der Nacht holen – wird das schon schwer genug sein. Unter die Augen geht er dem Sattler nicht.

Wir haben Glück gehabt. Der Sattler ist nicht zu Hause gewesen, und wir haben das Rad, das nicht weiter Schaden genommen hatte, ungehindert aus dem Garten herausgezogen und in die Werkstätte gebracht.

Gute zwanzig Jahre später hat mich der Hafer wieder gestochen: ich muß Motorrad fahren. Das war inzwischen zum Prüfungsgegenstand und das Motorrad gegen früher zu einer wahren Maschinenanlage geworden. Das hat mich alles nicht geschreckt. Ich habe – mit einer alten Maschine – praktischen Unterricht genossen und bin wochenlang auf der Schulbank neben wagemutigen Jünglingen und reifen Männern gesessen, um zu lernen, wie das Motorrad aufgebaut ist, und habe schließlich eine Prüfung glücklich bestanden, die mir das Zeugnis der Reife, den Führerschein, eingebracht hat.

Und nun habe ich nicht mehr warten können. Ich habe die Fabrik bestürmt, mir unverzüglich das bestellte Motorrad – eine schwere Maschine – zu liefern, und das hat sie auch getan. Sie hat mir das Rad mit Papieren am Samstag übergeben, hat mir Glück gewünscht und mir aufgegeben, am Montag nochmal zu kommen, weil noch einiges in Ordnung zu bringen wäre.

Das Rad hat ein bewunderungswürdiges Aussehen gehabt: wuchtigen, massigen Nacken, gar keinen Bauch, kräftiges Hintergestell. Es ist dagestanden und hat mich stumm eingeladen, von ihm Gebrauch zu machen, aufzusitzen und davonzufahren. Ich habe mich etwas befangen und vor allem fremd gefühlt. Schließlich aber – es waren ja auch Leute herumgestanden – habe ich mir einen Ruck gegeben und habe mich fertig gemacht. Ich bin von hinten an das Rad herangetreten, habe es entschlossen bestiegen und habe, nachdem ich einige vorgeschriebene Handgriffe gemacht habe, den Kickstarter bedient. Über Einzelheiten rede ich besser nicht. Es ist der Augenblick eingetreten, daß das ganze schwere Rad unter Geräuschen eines gefährlichen Maschinengewehrfeuers anhaltend gezittert hat, bis ich eingekuppelt habe; dann ist es mit einem Sprung abgesaust, und nur durch eine ungeahnte Häufung von Wundern habe ich glücklich die Schwabinger Landstraße erreicht. Von da ab ist es dann ganz ordentlich gegangen. Ich habe mich beruhigt und bin allmählich ganz vergnügt Ingolstadt zugefahren.

Hinter Maisteig wird das Gelände hügelig. Die Straße läuft auf und ab, aber in mäßigen Steigungen und Gefällen. Nach einiger Zeit kommt am Ausgang einer Ortschaft eine steile Anhöhe. Ich drehe auf, das Motorrad beugt sich etwas vor, holt Atem und zieht den Berg hinauf, daß ich eine wahre Freude haben muß. In voller Fahrt komme ich oben an – und sehe, daß es nun unverzüglich ebenso steil wieder abwärts geht. Mit größter Schnelligkeit überlege ich, was zu geschehen hat, um das rasende Motorrad zu bändigen. Der Dekompresseur! Zum Glück fällt er mir ein. Das ist eine Einrichtung, durch einen Bowdenzug zu bedienen, mit der man jählings bremsen kann, ohne durch Manipulationen mit den Beinen das Gleichgewicht zu verlieren. Ich fasse zu und ziehe und merke, es geht ja nicht. Der Griff des Bowdenzugs hängt lose herab, der Zug ist gerissen. Jetzt ist's recht! Ehe ich mich besinne, bekomme ich einen leichten Stoß gegen den Magen, und schon sause ich in die Tiefe. Sitzen bleiben und nicht mucken, mehr kann ich vor dem Ende nicht tun. Wie bestellt steht mitten im Weg ein Bauernfuhrwerk, das gerade rastet. Mit einem Huscher – nochmal geht's gut – bin ich dran vorbei. Der Wind trägt mir einen wehen Seufzer nach – von dem Bauern, der wahrscheinlich geglaubt hat, der Blitz erschlägt ihn, und der sicher ein paar Wochen nicht mehr gelacht hat. Eine Kurve noch, die ich wider alle Vorschrift schneide, dann läuft der Weg wieder bergan, und das Motorrad, dem ich jegliche Gaszufuhr verweigere, wird langsamer, wird matt und steht still.

Nun bin ich umgekehrt, habe mir einen sorgfältigen Plan gemacht, wie ich ohne den Dekompresseur zurechtkommen will, und wiederum ist alles gut gegangen. Ich werde wieder zuversichtlich und steuere München zu.

Als ich mich der Stadtgrenze nähere, sperrt eine Ansammlung die Straße. Ich drücke auf einen Knopf, das Boschhorn ertönt, und nun, denke ich, weichen die Leute zur Seite. Das geschieht auch, aber zwei Männer in blauer Uniform, Schutzleute, bleiben stehen, einer hebt den Arm, und ich soll absitzen. Ich kann nun nicht so ohne alles halten und rufe: „Einen Augenblick, bitte!" Die Schutzleute aber fassen am Sattel zu – und ich stehe. Eine Verkehrskontrolle. Ich weise meine Papiere vor und ahne nicht, daß mir die Fabrik in der Eile versehentlich die Papiere für ein anderes Rad gegeben hat. Ich erfahre es aber jetzt, die Schutzleute stellen den für mich betrüblichen Tatbestand fest, stecken die Papiere ein, schrauben die Erkennungsnummer vom Rad und sagen, ich müsse das Rad jetzt nach Hause schieben und würde im übrigen von der Sache wieder hören.

Ein schweres Motorrad schieben ist eine harte Aufgabe. Die Leute, die während der Kontrolle einen engen Kreis um uns Beteiligte geschlossen hatten – die Erwartung, einen Menschen in seinem Unglück zu sehen, stimmt die Menschen froh, – haben mir den Weg freigegeben und haben neugierig zugesehen, wie ich nun mit meinem Rad abziehe. Ein Mann hat mir gezeigt, wie ich das Rad am besten anfasse. Er hat dabei gelacht, die ganze Umgebung hat gelacht. Ich auch – ist mir schon nichts anderes übriggeblieben. Kinder in großer Zahl haben mich begleitet. Das hat mich nun doch verdrossen, und in einiger Entfernung von der Kontrollstelle – die Schutzleute haben sich schon mit einem anderen Verkehrsteilnehmer beschäftigt – bin ich aufgesessen und bin wieder gefahren. Ich bin das auch dem schweren Motorrad schuldig gewesen, für das es eine Schande bedeutet hat, wie ein kleines Kind geführt zu werden.

An der Straße zum Schwabinger Krankenhaus bin ich eingebogen. Da steht ein Schutzmann auf einem Fleck, auf den er nicht hingehört. Er kann auf dem Gehsteig stehen oder in der Mitte der Fahrbahn, aber doch nicht auf der Fahrbahn beim Gehsteig. Aber gerade da steht er, und die Folge ist, daß ich ihm über die Füße fahre, was sehr holpert und mich so ins Schwanken bringt, daß er mich leicht festhalten kann.

Zunächst betrachten wir beide seine Füße, die er abwechselnd hochzieht und schlenkert, und dann fangen wir beide gleichzeitig zu reden an. Keiner versteht den anderen, ich gebe schließlich nach, und er fragt mich, wo ich die Nummer hätte, das Rad müsse doch eine Nummer haben. Ich sage ihm, die hätte mir sein Kollege vorhin heruntergenommen. Er hält das für eine ganz faule Ausrede, erklärt, ich solle mir etwas Gescheiteres ausdenken, wo der Schwindel ja doch gleich aufkommt, und überhaupt muß ich auch dann eine Nummer haben, wenn mir der Schutzmann eine nimmt. Ich frage, ob er glaubt, daß ich alle Taschen voll Nummern mitnehme, wenn ich fahre, damit mir jeder Schutzmann eine wegnehmen kann, worauf er sagt, ob ich glaube, daß man so mit einem Schutzmann reden dürfe, wie ich mit ihm, wo ich noch dazu ihm die Füße halb abgefahren habe und er gar nicht weiß, was das für Folgen hat. Kurz, die Unterredung droht unfreundlich zu werden, und so ersuche ich ihn, mich aufzuschreiben und nicht lange herumzumachen, damit ein Ende hergehe. Er schreibt mich auf, und ich fahre weiter. Er ist damit einverstanden. Ihm ist das gleich, sagt er, ich werde halt von dem nächsten Schutzmann nochmals angehalten.

So ist es auch gekommen.

Endlich bin ich zu Hause gewesen, nachdem ich auf dieser einen Fahrt mehr mit Schutzleuten zu tun gehabt habe als in meinem ganzen bisherigen Leben zusammengenommen.

Nach einigen Tagen sind die Strafmandate eingetroffen. Reden wir nicht davon. Ich habe damals geschworen, nie mehr ein Motorrad zu besteigen. Diesen Schwur habe ich nicht gehalten und habe schwer dafür gebüßt.

Aber das ist eine andere Geschichte.

Heimweh

Die Volksschule habe ich auf dem Dorfe besucht, und das ist eine Zeit unbeschwertesten Glückes gewesen.

Ein altes, gemütliches Schulhaus war da, dicht beim Glockenturm der Kirche, an der Innenseite der Friedhofsmauer. Viele kleine Fenster nach Osten und Westen haben die niederen Räume hell und freundlich gemacht. Auf der einen Seite, nach Westen, hat man von der Schulbank aus die Straße gesehen, wie sie am Bäcker und Bader vorbei das Dorf verläßt, beim Graml auf ein kleines verschwindet, am Rand eines dem Kojer vom Berg gehörigen Feldes wieder auftaucht, in behaglichem Bogen durch lauter Ackerland dem Zeller Hügel zuwandert und sich dann im Schönburger Holz verliert. Es versteht sich, daß es da immer etwas zum Schauen gab. Und das ganze Dorf und das Bauernland ringsum mit Menschen, Tieren, Häusern und Wagen und Arbeitsgerät ist uns Kindern bis in jede Einzelheit vertraut gewesen; was immer sich begeben hat, hat uns und zu uns gehört. Wenn die Pflüge vom Frankenberger Hof die Äcker umgerissen haben, dann wußten wir genau, welche Pferde zusammengespannt sein müssen, damit der Pflug gleichmäßig gezogen wird. Wir haben scharf aufgepaßt, wer als erster im Juni das Korn schneidet und im September die Kartoffel holt. Zuweilen hat ein Leichenzug über die Felder her seinen Weg zum Friedhof genommen: wir haben die Leichenleute gekannt, den Toten, den Schreiner, der den Sarg gezimmert, und das Fuhrwerk, das die Leiche zum Grab gefahren hat.

Auf der Seite nach Osten ist's nicht anders gewesen. Freilich, dort hat es mehr zu hören als zu sehen gegeben, denn der Weg durch den Friedhof ist nicht allzuviel begangen worden. Aber an dem beim Schulhaus gelegenen Ausgang aus dem Friedhof waren der Bäcker und der Krämer. Beide hatten am Eingang zu ihrem Verkaufsraum ein Glöcklein, das oben am Türstock so angebracht war, daß jede Bewegung der Türe es angeschlagen hat. Es ließ sich infolgedessen ganz so vernehmen, wie der Kunde die Tür geöffnet hatte, artig, jähzornig, gelassen oder erbittert, und daraus haben wir wieder auf den unsichtbaren Kunden geschlossen, ein Spiel, das uns nie verdrossen hat.

Unmittelbar am jenseitigen Rand des Friedhofs ist eine große Wirtschaft gestanden, mit eindrucksvollen und bedeutsamen Geräuschen. Wir haben schütterndes Rollen auf holperigem Steinpflaster gehört und haben gewußt, jetzt wird ein frisches Faß angesteckt, haben auf den dumpfen Krach gewartet, mit dem der Bierbanzen auf den Schragen gesetzt wird, und auf die klingenden Schläge, die den Zapfen ins Faß treiben. Dann wieder sind vor unseren Ohren Pferde eingespannt worden, langsam und bedächtig, unter jenen Zwiegesprächen zwischen Fuhrmann und Pferd, die in ihrem Wortlaut und Ablauf von alters her unabänderlich feststehen und die uns geläufig gewesen sind wie das Vaterunser; Laut für Laut und Wort für Wort haben wir gekannt. Und es ist herrlich zu wissen, daß die Flora sich jedesmal ziert, ehe sie das Gebiß annimmt, und daß sie die immer gleichen zornigen Ermahnungen bekommt mit dem kränkenden Hinweis, sie wäre jetzt alt genug, um vernünftig zu sein.

Und an dem Schulhaus sind die Jahreszeiten vorbeigezogen, kalt der Winter, heiß der Sommer, blühend der Frühling, farbig der Herbst. Wir haben sie im Schulzimmer mitgelebt, und still ist es dabei nicht immer gewesen. Zwar hat es an Mahnungen zum Ruhehalten nicht gefehlt, und die Haselnußstecken haben redlich nachgeholfen, aber das ist nur soweit gegangen, als es unbedingt nötig war, um uns für den Unterricht gebrauchsfähig zu machen.

Als meine Zeit gekommen war und ich das zehnte Lebensjahr erreicht hatte, bin ich im Herbst, während die andern Buben sich auf den Kartoffelfeldern die Sonne haben auf den Buckel brennen und die Zwetschgennudeln als Lohn für das Kartoffelklauben schmecken lassen und die ganzen Obstgärten im Dorf von Früchten nur so gefunkelt haben, nach Passau verpflanzt worden, um dort das Gymnasium zu besuchen. Dieses Gymnasium befindet sich in einem weitläufigen und großartigen alten Klosterbau auf dem Hügel zwischen Donau und Inn, nahe ihrem Zusammenfluß. Die Schulzimmer, die ich kennengelernt habe, sind geräumig und hoch und doch eng und düster. Das Zimmer, in dem meine Klasse untergebracht war, hat als einzige Lichtquelle zwei Fenster gehabt auf einen mit hohen Bäumen bestandenen kleinen Hof hinaus; es ist mir völlig finster erschienen. Zu der Finsternis ist eine unheimliche Stille gekommen, die stets in diesem Raum geherrscht hat. Die etlichen dreißig Buben im Alter von zehn bis zwölf Jahren, die dort unterrichtet worden sind, waren fast durchwegs aus dem Bayerischen Walde gebürtig. Pfarrer und Lehrer hatten sie sorgfältig ausgesucht. Ihr unverrückbares Ziel war der geistliche Beruf, dessen äußeres Gehaben sie schon jetzt mit Sicherheit nachzuahmen verstanden. Sie nahmen die höhere Schule mit einem grimmigen Ernst in Angriff, lernten, daß ihnen die Köpfe rauchten – weniger, weil ihnen die Arbeit schwierig, als weil sie ihnen ungewohnt war und vor allem gefährlich erschien – und in den Unterrichtsstunden rührten sie sich überhaupt nicht. Sie sind dagesessen wie gelähmte Hühner. Die Lehrer haben das als etwas ganz Selbstverständliches hingenommen; ich habe nicht ein einziges Mal beobachtet, daß sich einer darüber gewundert hätte. Dagegen, wenn ich auch nur versucht habe, mit meinem Nachbarn etwas Verbindung aufzunehmen oder lustig zu sein, sind sie sofort über mich hergefahren, als ob sie mich vernichten wollten.

Über diese grausame und unbegreifliche Verwandlung der

Welt bin ich zuerst auf das tiefste erschrocken, dann hat mich ein heftiger Zorn erfaßt, und ich habe geglaubt, ich müßte an diesen trostlosen Zuständen etwas ändern können. Du lieber Gott, da bin ich rasch und schmerzhaft eines Besseren belehrt worden! Übriggeblieben ist ein zehrendes Heimweh, das mich zuweilen bis zum Fieber geschüttelt hat. Das Leben auf meinem Heimatdorf hat sich in der Erinnerung immer mehr verklärt, und da ich keinen Menschen gehabt habe, der mich oder den ich verstanden hätte, bin ich ganz hintersinnig geworden und habe schließlich nicht mehr ein und aus gewußt vor Bitternis.

Da ist eines Morgens zu Anfang Dezember der erste Schnee gefallen. Auf dem Schulweg, eine steile, enge Gasse hinan, habe ich ihn unter den Füßen gehabt, und immer noch hat es weiter geschneit, in dichten Flocken, ruhig, ohne aufgeregten Wind, in schwärzlicher Luft. Ein großes Glücksgefühl ist über mich gekommen. Der Schnee ist als der vertraute Freund erschienen, der geradewegs von zu Hause kommt, der mich gut kennt und der weiß, was man mir angetan hat. Ich habe mich mitten auf die Gasse gestellt, habe ihn auf Gesicht und vorgestreckten Händen glückselig gespürt, und vor allem habe ich ihn gerochen, und das hat mich ganz taumelig gemacht.

In der Schule, in der Arithmetikstunde, habe ich an diesem Vormittag von allem, was da vorgegangen ist, nichts gesehen und gehört. Ich bin daheim gewesen auf dem Dorf, völlig hingegeben den Winterfreuden, dem Eisschießen und Schneeballenwerfen. Was war das für ein prachtvolles Leben! Gegen Weihnachten ist der Weiher richtig zugefroren, und dann hat in der Mittagszeit und am späten Nachmittag bis tief in die Dämmerung das Dorf widerhallt vom fröhlichen Läuten der Eisstöcke und vom Kampfgeschrei der Eisschützen. Kein wehrhafter Mann ist diesem kraftvollen Vergnügen fern geblieben, und wir Buben, am Rande des Weihers geduldet, haben uns eifrig in den Anfangsgründen der Kunst geübt, in Haltung und Redeweise den Alten durchaus ebenbürtig. Aber ganz zur Entfaltung sind wir dabei doch nicht gekommen; das ist dem Schneeballenwerfen vorbehalten geblieben. Das haben bei uns ernsthaft überhaupt nur die Buben betrieben. Wenn Erwachsene sich damit befaßt haben, so ist das so nebenbei geschehen, spielerisch, und hat sich auf ein paar Bälle beschränkt. Die Dirndln haben nicht geworfen, weil sie diesem Sport nicht gewachsen waren. Für uns ist er aber gerade richtig gewesen, ein Kampfsport, Mann gegen Mann. Wir haben die Schneebälle möglichst hart gemacht – in den Mitteln, das zu erreichen, sind wir nicht wählerisch gewesen – und haben sie mit Wucht nach dem Gegner geworfen, bemüht, sein Gesicht, wenigstens seinen Kopf zu treffen. Wenn das öfter hintereinander geglückt ist, dann hat der Feind entweder das Gefecht abgebrochen oder er ist zum Nahkampf übergegangen, bei dem Schneebälle nicht mehr zu gebrauchen sind und der nicht verweigert werden durfte. Nicht selten ist es vorgekommen, daß der Sieger im Feuerkampf zum Ende im Nahgefecht Schläge bezogen hat, denn der schmerzhaft Getroffene hat nicht nur den Sieg, sondern auch Befriedigung seines Rachegefühls gesucht.

Neben der Wahrscheinlichkeit, einen harten Ball an die Nase, in den Mund, auf die Augenbrauen zu bekommen oder mit einem äußerst wütenden Gegner raufen zu müssen, hat auch noch die größere Gefahr bestanden, von den Erwachsenen, denen die eingeworfenen Fensterscheiben gehört haben, zur Verantwortung gezogen zu werden. Der Sport ist nämlich zumeist auf der Dorfstraße ausgeübt worden, und man hat nicht vermeiden können, daß die Häuser von Schüssen getroffen wurden. Die Hausbewohner sind schon unmutig geworden, wenn die Geschosse gegen die Türe oder die hölzerne Hauswand gedonnert haben, aber geradezu bösartig haben sie sich gebärdet, wenn ein Fenster in Scherben gegangen ist.

Einmal hat es sich ereignet, daß wir beim Zwicklbauern eine Reihe von Fenstern zertrümmert haben – der Kampf hatte sich unglücklicherweise gerade vor dieses Anwesen gezogen, und die eine Partei hat mit dem Rücken an der Hauswand gefochten. Beim Zwicklbauern ist alles in der Holzarbeit gewesen, bis auf den alten Vater und die Wabn, ein übertragenes, scharfes und unduldsames Frauenzimmer, das seit dem Tod der Bäuerin das Hauswesen versorgt hat. Der alte Vater hat nicht viel bedeutet, er hat sich auf kraftlose Drohungen beschränken müssen, ohne den Abbruch der Kampfhandlungen, die im vollen Gang waren, herbeiführen zu können. Aber die Wabn! Wir haben sie schon im Hause mit gellender Stimme schreien und schimpfen hören, und dann ist sie plötzlich wie der Teufel zur Tür herausgefahren, gerade zur Unzeit. Denn der Schütze Ignaz Kapsreiter, der vor der Türe Stellung bezogen hatte, ist in diesem Augenblick einem pfeifenden Ball ausgewichen, und dieser Ball hat die Wabn auf den Mund getroffen und ihr einige Zähne beschädigt. Wir sind zwar daraufhin wie der Blitz verschwunden, aber die Wabn hat doch ein paar erkannt, und außerdem ist in solchen Fällen ohne besondere Gewissenhaftigkeit bei der Feststellung der Täter verfahren worden. Kurz, wir haben ein paar äußerst drangvolle Tage zu verleben gehabt.

Gott mag wissen, wie es gekommen ist, daß mich die Erinnerung an dieses Gefecht an jenem Morgen im Schulzimmer zu Passau so überwältigt hat, daß ich geglaubt habe, mit Schneeballen könnte ich erfolgreich gegen die Finsternis und Enge meines jetzigen Daseins vorgehen. Jedenfalls melde ich mich plötzlich hinaus und gehe wie benommen in den dunklen Nebenhof. Es schneit immer noch. Ich ziehe den Duft des Schnees tief in mich ein, knie mich hin und knete mir einen kleinen Stapel runder, fester Ballen. Der Schnee ist so weiß, so zart und schmiegsam, daß ich am liebsten hätte weinen mögen. Ich überlege erst, ob ich diese prächtigen Kugeln verschießen soll, aber dann gebe ich mir einen Ruck und werfe, wie ich's vom Dorf her gewohnt bin, rasch, kraftvoll und sicher – leider Gottes. Sofort zerspringen mit ärgerlichem Krachen in einem Fenster meines Klassenzimmers zwei Scheiben, und ehe ich mich um weitere Munition bücken kann, erscheint der Arithmetiklehrer an dem zerbrochenen Fenster und brüllt auf mich heraus, ob ich wahnsinnig geworden sei. Er schleppt mich zum Rektor, vor Zorn außer Atem, und der will nun von mir wissen, warum ich die Fenster eingeworfen habe. Der Tatbestand ist ja klar und erwiesen, da gibt es nichts mehr festzustellen und zu fragen, bleibt also nur das Motiv der merkwürdigen Handlung zu erforschen.

Ich besinne mich und sage lange kein Wort, nicht aus Trotz, denn der Rektor hat gut mit mir geredet, sondern weil ich nicht sicher bin, ob die Dunkelheit und Totenstille im Schulzimmer des Gymnasiums und die Erinnerung an den Winter daheim wohl der Grund sein könnten, von dem der Rektor sagt, daß ich ihn gehabt haben müsse. Schließlich nehme ich mir ein Herz und sage: der Schnee hat so gerochen – und schaue ihn dabei scharf an, ob er es denn auch versteht.

Er versteht es nicht. Er schüttelt unwillig den Kopf: „Wieso hat der Schnee gerochen? Der Schnee riecht doch nicht, du dummer Bub. Und wenn er riechen würde, wäre das noch kein Grund, die Fenster des Klassenzimmers einzuwerfen während des Unterrichts!"

Wenn er weiter fragen würde, käme er schon dahinter, wie die Dinge zusammenhängen, denn ich bin nicht verstockt, sondern willens, ihm zum Verständnis zu helfen. Indessen will er nichts mehr wissen; meine Antwort genügt ihm, wenn sie ihm auch unverständlich ist; als alter Pädagoge weiß er, daß es sich um eine dumme Ausrede handelt, der man gar nicht erst nachgehen darf. Er hört auf, freundlich zu reden, und schreit mich so wild an, daß es mich ganz anheimelt. Ich erwarte, daß er mir jetzt ein paar hineinhaut, wie es die Erwachsenen nach meiner Erfahrung immer machen, wenn sie sich über unsereinen ärgern, und daß die Sache dann erledigt ist. Das geschieht aber nicht, er schreit nur und bestraft mich mit einem Rektoratsarrest, den ich am nächsten freien Nachmittag absitzen muß – in einem Zimmer, dessen Fenster auf den Inn hinunterschauen. Zwei Stunden bin ich allein in dem großen Raum voller Bänke und Tafeln und Pulte und Landkarten. Ich stelle mich ans Fenster, es ist ein sonniger Wintertag, unter mir strömt der Inn in mächtigen Fluten dahin, wie ich es von zu Hause her kenne, am andern Ufer steigt eine Hügelkette hinan, oben sehe ich vereinzelte Höfe, es ist ganz still.

Und als es an diesem Abend dunkel geworden ist und die Glocken vom Dom zur Nacht geläutet haben, laufe ich aus der Stadt, heimwärts.

Man geht bei Tag und gutem Wetter bis in mein Dorf acht Stunden. Jetzt aber ist es stockfinstere Nacht, der Weg naß und schwer, und ein hartnäckiger Wind macht mir zu schaffen. Vier Stunden muß ich durch einen dichten Forst gehen, ich stehe entsetzliche Angst aus. Immer weiter laufe ich, durch viele schlafende Dörfer, vorbei an Höfen, Bäche entlang, hügelauf und hügelab, ohne einen andern Gedanken als: heim, heim. Am frühesten Morgen, es ist noch finster, komme ich zu Hause an, gerade zum Morgenkaffee, nun zum Sterben müde. Aber ich bin unendlich glücklich und halte es für selbstverständlich, daß die Eltern und alle meine Leute ebenso glücklich sind, weil ich wieder bei ihnen bin. Ich glaube, sie müssen genau solche Sehnsucht gehabt haben nach mir, wie ich nach ihnen, und darauf gewartet haben, daß ich endlich wieder zu Hause erscheine – so, und nun bin ich da, habe den weiten Fußmarsch, Nacht und böses Wetter auf mich genommen, und nun fehlt nichts mehr, alles ist gut.

Außer mir ist aber niemand glücklich, und auch ich bleibe es nicht lange. Anstatt Freude hat mein Erscheinen Schrecken verbreitet. Zwar ist mir zugebilligt worden, daß Heimweh eine bittere Sache sein kann, allein niemand hat verstehen wollen, daß man aus Heimweh von der Stadt und dem Gymnasium weg in sein Dorf läuft. Heimweh wird unterdrückt, und es vergeht dann schon. Es ist töricht und unzulässig, aus Heimweh eine Nacht hindurch zu laufen, um heimzukommen.

Ich habe mich ausruhen dürfen, und am gleichen Tag hat mich meine Mutter wieder in die Stadt gebracht. Sie hat mich beim Abschied fest an sich gedrückt und hat mit mir geweint.

Der Heilige Geist

Alle Jahre am Pfingstsonntag während der Predigt ist in der Pfarrkirche meines Heimatdorfes der Heilige Geist erschienen, dergestalt, daß sich die hohe Decke des Kirchengewölbes im Mantel des heiligen Ulrich geöffnet hat und beinahe lautlos eine lichte Taube bis zur halben Höhe herabgeschwebt ist, wo sie Halt gemacht hat und nach einigem Taumeln auf wunderbare Weise in der Luft verblieben ist. Diese Erscheinung ist ausgelöst worden durch ein zwischen dem Pfarrer und dem Totengräber, dem das Pfingstwunder anvertraut war, vereinbartes Stichwort, das jedermann in der Kirche gut gekannt hat und das gegen Ende der Predigt gefallen ist.

Der Pfarrer, zu meiner Zeit ein alter, wohlerhaltener Mann mit hoher, heller Stimme, hat nie lange gepredigt. Er hat gewußt, daß er damit nichts ausrichtet, weil die Bauern doch einschlafen. Denn sie vollbringen von jeher ihre sonntägliche Andacht damit, daß sie sich in der Kirche von der harten Arbeit der Woche ausruhen, voll Vertrauen, daß ihnen der Herrgott diese Kirchenstunde als Rast eingerichtet hat und daß sie auf keine Weise dem Gottesdienst besser anwohnen und Gottes Willen mehr erfüllen können, als wenn sie sich ihrer Müdigkeit hingeben. Das junge Zeug, das niemals müde wird, nicht bei Tag und nicht bei Nacht, steht unterdem draußen vor der Kirchentür, redet von sich hin und her und tut sich wichtig.

Am Pfingstsonntag freilich, bei der Erscheinung des Heiligen Geistes, da ist's auf dem Kirchenplatz leer, und in der Kirche ist alles hellwach gewesen. Wenn der Pfarrer mehr und mehr seine Stimme erhob, bis er schließlich, das Haupt zur Decke gerichtet, mit schwingenden Armen und lautem Ruf den Heiligen Geist aufgefordert hat, auf unsere Häupter herabzukommen, da sind alle Kirchenleute, froher Erwartung voll, in heftiger Spannung jeder Bewegung des Pfarrers gefolgt, die Köpfe weit nach hinten gebeugt, den Blick zum heiligen Ulrich emporgewandt, und haben in atemloser Stille die Taube auf sich herabschweben lassen.

Der heilige Ulrich, auf dessen hellrotem Mantel sich das Wunder vollzogen hat, ist der Mittelpunkt und die Hauptfigur des Gemäldes, mit dem vor einiger Zeit ein bürgerlicher Maler aus Wurmannsquick die Decke der Kirche geschmückt hatte. Nicht eben zur Befriedigung der Pfarrangehörigen. Daß der Meister aus Wurmannsquick hergekommen ist, hätten sie wahrscheinlich allmählich vergessen, aber seine Rösser, die sie jeden Sonntag vor Augen hatten, haben sie als rossekundige und rossefreudige Rottaler ihm nie verziehen. Die hohnvolle Kritik an diesen Tieren, die mit den seltsamsten Namen belegt wurden, ist nie verstummt. Dabei hat das Gemälde von Rössern sozusagen gewimmelt, denn es hat nichts Geringeres dargestellt, als die grausame Ungarnschlacht des Jahres 955 auf dem Lechfeld, und dazumal hat man die Schlachten eben zu Pferde abgehalten, womit man übrigens auch ganz gut zum Ziel gekommen ist.

Nun hätte sich bei uns natürlich niemand, auch gelegentlich des Kirchenbesuches nicht, um so ferne geschichtliche Ereignisse und fremde Völker bekümmert – ums Lechfeld nur die gedienten Soldaten, die dort eine Übung gemacht hatten; diese sind aber bei dem Bild nicht auf ihre Rechnung gekommen, weil vor Schlachtgetümmel keine Landschaft zu sehen gewesen ist –, wenn nicht auf eine unerforschliche Weise vor Zeiten der heilige Ulrich zum Patron unserer Pfarrkirche erkoren worden wäre. Das nämlich hat der Pfarrer zum Anlaß genommen, alljährlich beim Patrozinium der Kirche den Gläubigen in der Predigt zu erzählen, was er selbst von der Ungarnschlacht und der Beteiligung des heiligen Ulrich gewußt hat. So ist eine ganze Generation mit Wissen darüber ausgestattet worden, das dann im Laufe der Jahre eine feste Form angenommen hat. Hienach ist in grauer Vorzeit das Bayernland bis Augsburg hin von den Ungarn heimgesucht worden, krummbeinigen, schwarzhaarigen, giftig blickenden, schnauzbärtigen, unbändigen Heiden, die gehaust haben wie die Wilden mit Brennen, Umbringen, Vieherschlagen und Schänden. Was sie eigentlich gewollt hatten, weiß kein Mensch, da sie nur alles zusammengeschlagen haben und dann gleich wieder weitergerast sind; aber im Krieg ist das schließlich gleich, wenigstens für den, an dem er hinausgeht. Die Bayern haben sich kräftig gewehrt, aber nichts ausgerichtet, weil die Ungarn leider Gottes viel zu flink gewesen sind. Bis ein Bauer sich umgedreht hat, ist er von so einem kleinen Teufel schon zweimal erschlagen gewesen. Die Leute sind daher mutlos geworden und haben keine Hoffnung mehr gehabt. Da ist zu guter Letzt der heilige Ulrich eingesprungen, der Bischof von Augsburg. Der hat die Ungarn, als sie auf dem Lechfeld einmal alle beisammen waren, mit einer Heerschar umzingelt, daß sie sich nicht mehr haben rühren können, hat sie dann angegriffen und elendiglich zusammengehauen, alle miteinander bis auf einen einzigen Mann. Von da ab war Ruhe, und die Ungarn haben sich nicht wieder in Bayern blicken lassen, was sich gut begreifen läßt. Wie die Kunde vom Untergang ihres Heeres ins Ungarland gedrungen ist, weiß man freilich nicht. Denn der Mann, der als einziger sich rechtzeitig davongemacht hatte, ist auf dem Rückweg auf einem Hof bei Mittich im Rottale hängen geblieben, wo er als Knecht gearbeitet hat bis an sein Lebensende. Wahrscheinlich hat er den Feldzug satt gehabt, er ist ja ein einfacher Reiter gewesen und hat sich vielleicht gedacht, er wird keine Ehre aufheben, wenn er nach Hause kommt und meldet, daß die andern alle gefallen sind, und überhaupt ist er nicht sicher, ob man ihm glaubt, daß in Bayern Leute sind, die noch gröber zuhauen als die Ungarn, und Gott weiß, was dann alles aus der Geschichte entsteht, und schließlich muß er wieder einrücken – kurz und gut, er ist auf dem Hof geblieben, hat sich zum christlichen Glauben bekehrt, etwas Nachkommenschaft erzeugt, und man hat weiter nichts Unrechtes von ihm gehört.

Die Darstellung der Ungarnschlacht auf dem Gemälde ist hinter der Schilderung des Pfarrers weit zurückgeblieben, ja sie hat die Wildheit der Geschehnisse eigentlich gar nicht ahnen lassen. Auf dem Bild sitzt nämlich der heilige Ulrich auf einem überlebensgroßen Schimmel, der dasteht, als ob er gemustert würde, und ist angetan wie beim Hochamt, in der einen Hand die Zügel, in der andern ein Kreuz, umwallt von einem hellroten Mantel fast bis zur Erde. Es ist ausgeschlossen, daß er sich rühren kann, von kämpfen ganz zu schweigen, und dabei nimmt er noch so viel Platz weg, daß sich auch um ihn herum ein Gefecht gar nicht mehr zu entwickeln vermag. Man sieht außer ihm nur noch ein paar geharnischte Reiter auf ruhigen Rössern, mit gestreckten Schwertern, und gegenüber eine sich nach rückwärts verlierende Reihe von Ungarn, die sich alle auf das linke Knie niedergelassen haben und den Feinden für jeden Fall ihre Lanzen zeigen. Etwas Bewegung kommt in das stille Bild, wenn man es einige Zeit betrachtet, weil das nur in einer Art Rückenlage möglich ist, bei der die Augen alsbald zu flimmern beginnen.

Die Lücke nun, durch die der Heilige Geist an Pfingsten erschienen ist, befindet sich am untern Saum des Bischofsmantels, sie ist allen Kirchenbesuchern bekannt und überdies leicht zu finden gewesen, weil der Deckel nicht ganz geschlossen hat.

Die Erscheinung der lichten, aus Lindenholz geschnitzten Taube hat sich so vollzogen, daß eine kräftige Schnur, an der sie mittels eines Hakens befestigt war, über eine im Kirchenspeicher festgemachte Rolle in einer Rinne gelaufen ist. Die Einrichtung hat seit Menschengedenken nie versagt – nur einmal, als niemand sich dessen versehen hat, ist sie störrisch geworden.

Anfangs der neunziger Jahre an einem ausgesucht prachtvollen Pfingstsonntag, da die ganze Kirche voller Sonne ist, die Lichter durch die farbigen Fenster nur so tanzen und die Altäre leuchten in der Fülle ihres Blumenschmucks, begibt es sich, daß der Heilige Geist, nachdem er in der Öffnung erschienen ist, nicht ruhig und majestätisch abwärts schwebt, sondern zum Erstaunen und Schrecken der Kirchenleute hastig, mit großer Wucht, wild taumelnd zuerst, dann zischend herniederfährt, geradewegs auf den Kopf der Koinederin zu.

Diese hat ihren Kirchenplatz direkt unter der Lücke und ist deshalb gezwungen, den Kopf besonders weit zurückzulegen, wenn sie den Heiligen Geist betrachtet. Und das erfordert Geschicklichkeit, weil sie, eine Bäuerin in den besten Jahren übrigens, die alle Anforderungen, die die Bauern des Rottales an weibliche Schönheit stellen, vollauf erfüllt, als Zeichen der Wohlhabenheit ihres Eheherrn ein besonders schweres seidenes Kopftuch trägt, das mit silbernen Nadeln hinten an ihrem Haarschopf befestigt ist. Das Kopftuch der Rottalerinnen jener Zeit ist in Wahrheit kein Kopftuch gewesen – mit dem Kopf hat es weiter nichts zu tun gehabt –, sondern eine am Haarknoten kunstvoll angenadelte Schleppe, schwarz, aus prächtiger Seide, ein erlesener Schmuck, der ihren Trägerinnen, merkwürdig genug, eine anmutige Zierlichkeit hat verleihen können. Die Bäuerinnen haben sie getragen wie der Pfau sein Rad, sie haben damit, wie der landläufige Ausdruck gelautet hat, geprangt. Leichtfertige und rasche Bewegungen hat das Kopftuch unmöglich gemacht, und so versteht sich, daß die Koinederin mit einer gewissen Behutsamkeit jeweils ihr Angesicht zur Decke emporrichten muß, damit am Haarschopf nichts in Unordnung gerät.

Alles auf der Welt erweist sich einmal als nützlich – auch die mühsame Kopfzier der Rottalerinnen. Die Koinederin begreift zunächst gar nicht, was da vor sich geht, als der Heilige Geist wider alle Ordnung eine solche unziemliche Schnelligkeit entwickelt. Aber dann, als er wie ein Blitzstrahl auf sie zustürzt, erschrickt sie so, daß sie sich überhaupt nicht mehr rührt – sehr zu ihrem Glück! Vielleicht hat der Heilige Geist Erbarmen mit ihrem guten und freundlichen Gesicht gehabt – jedenfalls saust er dicht dahinter auf die Stelle, wo das Kopftuch am Haarknoten befestigt ist, löst deren Verbindung, macht die Haare frei – die Koinederin hat dabei nichts zu fürchten – und sinkt dann, seines Schwunges gänzlich beraubt, eingehüllt in die seidene Schleppe sanft auf die Sitzbank neben der Koinederin.

In der Kirche ist es in diesem Augenblick totenstill, nur die Stimme des Totengräbers wird vernommen, der, den Kopf durch die Lücke gesteckt, dem Heiligen Geist etwas nachruft.

Der Totengräber ist ein verwitweter Gütler, der mit seinem heranwachsenden Sohn wirtschaftet, mühselig genug. Eine scheu gewordene Kuh hat ihn einmal überrannt und mit einem dauerhaften Beinschaden ausgestattet, der ihm die Arbeit recht schwer macht. Den Verdienst kann er gut brauchen, den er sich daraus erwirbt, daß er im Friedhof jahraus jahrein die Wohnstätten für diejenigen herrichtet, die nicht mehr viel Platz brauchen. Vielleicht hat diese Beschäftigung ihn still werden lassen. Jedenfalls ist er ein gutmütiger und umgänglicher Mensch gewesen, von dem niemand so heftige Ausdrücke vermutet hat, wie sie jetzt gehört werden. Der Schrecken entreißt sie ihm, und er bereut sie nachträglich sehr. Sie gelten natürlich nur der hölzernen Figur, die seiner Meinung nach sich gröblich gegen ihre Aufgabe, den Heiligen Geist darzustellen, verfehlt hat. Aber es ist schwer, in solchen Augenblicken alles richtig auseinanderzuhalten, den richtigen Ton und das richtige Maß zu treffen. Es ist auch für den Zuhörer schwer, gleich richtig zu verstehen, was gemeint ist. Und so klingt eben das, was der Totengräber hinter der Taube herruft, so, als ob es den Heiligen Geist angehe, und in diesem Sinne ist es durchaus ungehörig.

Der Pfarrer hat wahrscheinlich von allen Leuten in der Kirche am wenigsten die hölzerne Taube mit dem Heiligen Geist verwechselt. Indessen ist der Vorgang auch an ihm nicht spurlos vorübergegangen und hat ihn aus den gottesdienstlichen Zusammenhängen herausgerissen. Sonst hätte er sicherlich die Ausrufe des Totengräbers, denen bei dem Vorfall wirklich keine besondere Bedeutung zugekommen ist, auf sich beruhen lassen. Das hat er aber nicht getan. Nachdem er gesehen hat, daß alles gut abgelaufen ist, wendet er sein Haupt wieder der Decke zu, wo an Stelle des Heiligen Geistes der Kopf des Totengräbers zu sehen ist, und weil die Predigt nun doch schon unterbrochen ist, erledigt er auf der Stelle, was er zur Sache zu sagen hat. Er bedient sich dabei der Tonart des Totengräbers, die ihm als bodenständigem Mann natürlich geläufig ist, deren Verwendung in der Kirche er aber beim andern scharf rügt. Diesem also ruft er zu, er sei ein Rindvieh, ein saudummes, das nicht aufpassen könne, und ein grober Hammel dazu, weil er in der Kirche so abscheuliche Ausdrücke verwende.

Darauf verschwindet oben an der Decke jählings der Kopf des Totengräbers, und der Deckel schließt krachend die Lücke.

Die Koinederin, verbeistandet von willigen Nachbarinnen, steckt ihr Haar auf und kümmert sich um ihr Kopftuch, die Taube wird von einem Bauern unter gespanntester Aufmerksamkeit aller Kirchenleute in die Sakristei getragen, und der Pfarrer beendigt mit einem kurzen Gebet seine Predigt.

Und dann ist der Heilige Geist wieder Jahr für Jahr am Pfingstsonntag in der Pfarrkirche meines Dorfes so erschienen, wie es sich gehört. Daß er einmal sich von seiner Schnur freigemacht hat und auf die Koinederin herniedergefahren ist, hat seinem Ansehen nicht den geringsten Eintrag getan.

Die guten Fürbitter

Wer von Wien nach München zu Fuß geht, der wird, welchen Weg er auch wählt, immer ein gutes Stück die Donau entlang wandern. Er wird, die Ufer nach Behagen wechselnd, sehr gemächlich die Wachau durchziehen, jenes Glanzstück bayrischer Landschaft, von dem selbst der Strom nicht unberührt bleibt, der sich hier Zeit läßt wie sonst nirgends auf seiner weiten Reise; er wird auf uraltem, einsamem Traidelpfad ins stille Mühlviertel kommen, wo das bayrisch-böhmische Waldgebirge seine Vorposten an steilen Ufern stehen hat, und eines Tages steigt er dann von Engelhardszell, begleitet von allen guten und bösen Geistern stürmischer deutscher Vergangenheit, die sich ihm unterwegs angeschlossen haben, hinauf nach Viechtenstein, der alten Burg der Hunde von Kuenring. Dort mag er rasten und im sinkenden Abend zur Donau niederschauen, auf der in unmerklicher Bewegung Schiffe zu Berge ziehen, heute wie von je.

Von dort aber, rate ich ihm gut, soll er einmal sich nach Süden wenden, auf die Höhen des Sauwaldes, und dann westwärts über prächtiges Hügelland den Inn bei Wernstein ansteuern, und diesen aufwärts nach Schärding gehen; dieser Tag wird sich lohnen. In Schärding überschreitet er den Inn auf einer stattlichen Brücke, auf der er von dem Kloster Vormbach Abschied nimmt, dessen Anblick ihm am Tag vorher so viel Freude gemacht hat, und zieht nun geradewegs westwärts, die Rott entlang, vorbei an den Edelsitzen der Geschlechter von Sulzbach, Eholfing und Ruhstorf, die längst verschollen sind und keine Spur hinterlassen haben als Kirchengewölbe, Grabsteine und nachgedunkelte farbige Butzenscheibenfenster und gerodeten und wohlbestellten Boden, der den mächtigen Bauernhöfen ringsum den Wohlstand sichert. Zur rechten Hand wandert ein Höhenzug mit, und von dort winkt ihm unweit Ruhstorf ein kleiner Turm zu und ein Kirchlein aus alten Bäumen heraus, das ist Rotthof. Wenn er Glück hat, übersieht er's nicht und folgt der bescheidenen Aufforderung. Er findet dann auf einem Erdbuckel über zwei herrenmäßigen Höfen eine kleine spätgotische Kirche vor. Sie ist in der zweiten Hälfte des fünfzehnten Jahrhunderts erbaut worden, und seither hat, von einem Vorbau abgesehen, niemand mehr daran gerührt.

Nun gibt's dergleichen mehr, landauf und -ab, und die Aussicht auf die Salweiden in den ausgedehnten Pferdekoppeln der Rottufer, die Fruchtbarkeit des Getreidelandes, die Kirchtürme ringsum und den Untersberg im fernen Hintergrund kann man sich auch da und dort noch holen, außer wenn man, wie ich, gerade auf ein bestimmtes Dorf schauen will, deswegen, weil man dort aufgewachsen ist. Aber nirgends ist ein Kirchlein zu finden, das soviel persönliche Erinnerungen aufbewahrt an Menschen, die vor Zeiten hier fern ihrer Heimat gelebt haben.

Wenn man zwischen den beiden Bauernhöfen hindurch den Hügel hinaufgestiegen ist, sieht man sich dem Turm und der verwitterten Mauer der Kirche gegenüber, die sich zuletzt hinter Bäumen versteckt hatten. Und wenn man in die Vorhalle tritt, steht man vor einem Grabstein, den dermaleinst die Hausverwalterin Flora gemeinsam mit ihrem Sohn Successus dem Andenken ihres Eheherrn Ursus und dessen Eltern Jucundus und Successa gesetzt hat. Die Inschrift erzählt, daß Ursus Geschäftsführer gewesen, mit fünfundvierzig Jahren Todes verblichen und seiner Frau sehr teuer gewesen ist; daß Frau Flora ihre Schwiegereltern hoch verehrt und daß Successus seine Eltern sehr geliebt hat. Das steht in der knappen Form da, die der lateinischen Sprache eigentümlich ist, die Worte sind auch noch abgekürzt, damit sie auf dem Stein Platz haben, und manche sind kaum mehr leserlich – aber es steht unbezweifelbar da und zwingt die Vorstellung in die Zeit zurück, als hier herum römische Feldwachen postiert waren und Generale der Passauer Garnison und Gouverneure der rätischen Provinz und Inhaber großer Handelshäuser, alle zumal reiche Leute, im Rottal Landgüter eingerichtet haben, um ihr Geld anzulegen und für den Urlaub ein Vergnügen mit Jagd und Fischfang zu haben. Ihre Namen freilich sind längst verschollen, die des Gutsverwalters Ursus und seiner braven Familie aber sind auf wundersame Weise erhalten geblieben. Das wird ein großer Jammer gewesen sein, als er in den besten Jahren mitten aus der Arbeit weggestorben ist und die Frau mit dem heranwachsenden Buben allein gelassen hat im fremden Land. Nun haben die zwei fortwerken müssen, so gut es eben gehen wollte, bis sich auch die Mutter zum Sterben gelegt hat. Und dann ist der junge Successus wohl fortgezogen, zum Militär eingerückt oder auf ein Gut in den Albaner Bergen oder in Nordafrika gleich seinem Vater als Verwalter gekommen – der Grabstein aber ist zurückgeblieben, ist mit dem Grab in den Boden versunken, bis er eines Tages von einem Spaten aufgefunden und für immer in die Kirchenmauer gesetzt worden ist.

Andere Steine in der Kirche berichten von einer Victoria Augusta, der Lucius Vedius Opimius seine Gelübde aufrichtigen Herzens einlöst, von einer Verwalterin Trebonia, einer Freigelassenen des Canus, und einer Magd Donata. Und der Name eines Mannes Attianus ist zu lesen, und auf Grabsteinen außen an der Kirchenwand finden sich die Brustbilder von drei Frauen und vier Männern, und dann sind da noch Steine mit den uralten Symbolen des Ammonshorns, des Fisches und des Buchstabens Omega, und das Weihwasserbecken in der Kirche ist zusammengesetzt aus einer römischen ara und römischen Werkstücken. So ist dieser stille Erdenfleck bevölkert von Namen einfacher Menschen aus dem Mutterlande des römischen Weltreiches, die einmal hier gearbeitet haben, wo sie fremd gewesen sind und wo sie noch heute keine Heimat in der Vorstellung ihrer bäuerlichen Nachfolger haben.

Anders ist es mit den Heiligen, denen die Kirche geweiht ist und die als Siebenschläfer der Legende angehören. Sie sind den Kirchenbesuchern dargestellt in einer plastischen Gruppe, die der niederbayerische Meister Modler aus Kößlarn vor rund zweihundert Jahren auf den Hochaltar gesetzt hat. Dieser zeigt das Innere einer Grotte, und zwar so, wie man sie sich in Kößlarn, wo es dergleichen Grotten nicht gibt, vorgestellt hat, nämlich aufgebaut aus Tuffsteinbrocken, und auf diesen sind sieben schlummernde Jünglinge hingelagert. Es ist auf den ersten Anblick klar, daß die jungen Männer in der ephesischen Höhle, in die sie sich ungefähr zu der Zeit, als in Rotthof die Verwalterin Flora ihren Ursus begraben hat, vor der Polizei des Kaisers Decius geflüchtet haben, bequemere Liegegelegenheiten vorgefunden haben müssen, als sie Meister Modler ihnen zugewiesen hat. Denn auf so zackigen Steinen wären sie überhaupt nicht eingeschlafen, geschweige denn, daß sie zweihundert Jahre nicht aufgewacht wären. Darauf kann indessen der Künstler keine Rücksicht nehmen, hat mich mein Vater belehrt, als er mich als kleinen Buben zum erstenmal in das Kirchlein geführt hat und ich ihn darauf aufmerksam gemacht habe, wie hart die Lagerstätte der Siebenschläfer sei; es kommt auf die Gesamtwirkung der künstlerischen Leistung an, und an der ist ja auch wahrlich nichts auszusetzen, wie jedermann dem Meister Modler bestätigen muß.

Das war übrigens ein Karfreitag, als ich mit dem Vater nach Rotthof wandern durfte. Es ist nicht nötig zu erwähnen, daß der Frühling im Lande war, denn zu jener Zeit hat man sich auf die Jahreszeiten verlassen können, niemals hat es an Ostern geschneit, und niemals hat man zu Weihnachten Gänseblümchen gepflückt. Im März hat die Sonne die Erde aufgetaut und getrocknet, die Aurikeln und Krokusse und Wiesenhyazinthen haben ohne Sorge, daß sie schmählich erfrieren müssen, sich dem Licht hingeben dürfen, Hühner und Igel haben ihre wohligen Bodenmehlbetten am Rande der Scheunen und Schupfen bezogen, die Sträucher und Bäume haben rechtzeitig mit ihrer Jahresarbeit beginnen können, und die Bauern auch. Wir sind damals abseits der Straße einem Bach entlang gegangen, bis zu der Stelle, wo er sich der Rott überliefert, und die ältesten Weiden haben mit ihren silbrigen schmalen Blättern geglänzt, als ob sie die jüngsten wären. Hasen sind über die Felder gehoppelt, die aus der Ferne einen grünzarten Farbanstrich aufwiesen, aber in der Nähe noch dunkel waren. Ein redseliger Wind hat bei Bäumen und Büschen herumgeschwätzt, und der Himmel war von gelassener Heiterkeit. Die Kirchenglocken im ganzen Land waren am Tag zuvor im lautlosen Zug nach Rom geflogen, um sich vom Heiligen Vater wieder für ein Jahr segnen zu lassen, und konnten erst am nächsten Tag zurückerwartet werden – das Wissen um diese Reise hat die Vorstellung von einer ungeheueren Stille hervorgerufen. Das Herz voll Frieden sind wir dahingewandert.

Im übrigen hat mich mein Vater an jenem Tag nicht weiter aufgeklärt, was es mit den Siebenschläfern auf sich hat, das hat mir später an einem heißen Julitag des Jahres 1890 der Wagnergeselle Josef Marchtaler erzählt. Ich war dicht bei einem Steg, der bei Gerau über die Rott führt, damit beschäftigt, mittels eines Haselnußsteckens, einer Spagatschnur, eines Angelhakens und eines Regenwurms Weißfische zu überlisten voll Hoffnung auf Erfolg, weil ein Gewitter im Anzug war, da kommt über den Steg der Josef daher. Wir kennen uns gut, und so setzt er sich zu mir.

Er ist damals so an die fünfzig Jahre alt gewesen, ein stattlicher Mann mit starkem schwarzem Vollbart. Ich habe ihn oft in seiner Werkstätte besucht, wenn er Räder und Deichseln und was alles zum Wagen gehört, vorgerichtet hat, und bin nie ohne wertvolle Klötzchen aus härtestem Holz in allen möglichen Größen und Formen von ihm gegangen. Geredet hat er nicht viel, bei der Arbeit schon gar nicht. Aber in seiner Nähe ist es mir immer besonders wohl gewesen, er ist nie zornig oder auch nur ungeduldig geworden und hat immer einen freundlichen Blick für mich gehabt. Er war das Bild eines alten Handwerksgesellen jener Zeit. Tüchtig und zuverlässig in der Arbeit, sparsam, nüchtern und von ruhigem, gesetztem Wesen. Am Feierabend ist er auf der Hausbank gesessen oder am Stubenofen, hat seine Pfeife geraucht, seinen Gedanken nachgehängt oder gelesen, am Sonntagnachmittag nach dem Gottesdienst hat er, angetan mit einem guten dunklen Anzug, ein Gasthaus aufgesucht, jeden Sonntag ein anderes, der Geschäftsverbindung wegen, ist bei gestandenen Männern gesessen als ihresgleichen, hat mehr zugehört, als selbst geredet, und pünktlich um fünf Uhr hat man ihn wieder daheim antreffen können im Hausgewand bei seiner Pfeife und einem Kalender oder einem alten Buch. Er hat mir, so oft ich es wollte, gezeigt, was er liest, aber ich habe nichts davon verstanden. Wenn ich bei ihm gesessen bin, hat er übrigens ruhig weitergelesen, auch ich habe geschwiegen, und nach einiger Zeit bin ich wieder fortgerannt. Ich war dem Josef Marchtaler so von Herzen zugetan, daß ich mich damals entschlossen habe, gleich ihm Wagnergeselle zu werden.

An jenem Nachmittag also sitzt der Josef eine Weile still neben mir. Als ich einmal einen neuen Wurm aus dem Vorratsbehältnis, einer Zündholzschachtel, hole, fragt er mich, ob ich schon in Rotthof gewesen bin, dessen Kirchlein über den Waizauer zu uns herüberschaut. So kommen wir ins Reden, und da ich von den Siebenschläfern nichts weiß, erzählt er mir die Legende:

Der römische Kaiser hat einmal in einem Frühjahr eine große Christenverfolgung ausgeschrieben. Das ist dazumal von Zeit zu Zeit vorgekommen. Weil die Christen brave und sparsame Leute gewesen sind, die ihr Geld zusammengehalten haben, sind sie wohlhabend geworden, und wenn es soweit war, hat sie der heidnische Kaiser wegen ihres Glaubens verfolgt, hat sie erschlagen lassen und hat ihnen ihr Geld genommen. Die Christen haben sich nicht gewehrt, weil sie kein Blut vergießen durften und außerdem als Märtyrer gleich in den Himmel gekommen sind; so hat der Kaiser ein leichtes Machen gehabt. Heutzutage bräuchte sich ein römischer Kaiser, wenn es noch einen gäbe, nichts mehr denken wegen einer Christenverfolgung. Denn Christen gibt es jetzt so viele, daß sie sich von den Heiden nichts mehr gefallen lassen brauchen, und einen Märtyrer mag schon gleich überhaupt niemand mehr machen, obwohl ihm auch jetzt noch der Himmel sicher wäre. Verfolgt wird aber doch, das hört nie auf. Wer es sich nur ein wenig leisten kann, verfolgt den andern. Die Menschen sind einmal so: immer möchten sie das haben, was dem andern gehört, und vielen ist erst dann wohl, wenn es den andern schlechtgeht. So einer ist auch der römische Kaiser gewesen mit seiner Christenverfolgung, und du kannst dir denken, wie die Polizei gleich nach Christen herumgesucht und jeden, der sich nicht als Heide hat ausweisen können, verhaftet hat. Ist es erst soweit gewesen, dann haben die Christen schon verspielt gehabt. Ohne lange Geschichten sind sie erschlagen oder den wilden Tieren vorgeworfen oder verbrannt worden.

In Ephesus, ganz weit weg von uns, waren sieben fromme Jünglinge aus vornehmen Geschlechtern, die sich zum Christentum bekehrt hatten. Sie haben beim Militär gedient und sind immer zusammengesteckt.

Da kommt einmal einer heim und sagt, er hat gehört, daß eine Christenverfolgung bevorsteht. Richtig wird auch gleich darauf angesagt, alle Soldaten müssen einen Eid ablegen auf das, daß sie Heiden sind. Wie die sieben Kameraden das hören, gehen sie in der nächsten Nacht auf und davon, dem Gebirge zu. Ihr Verschwinden wird aber gleich bemerkt, und schon ist die Polizei hinter ihnen her und jagt sie gegen einen

Berg. In ihrer Not laufen sie in eine Höhle hinein und verkriechen sich. Die Gendarmen überlegen sich, ob sie sie herausholen sollen, aber sie kommen auf einen schlauen Gedanken. Sie wälzen große Steine vor den Eingang der Höhle, vermachen ihn so fest, daß die Christen unmöglich mehr herauskönnen, gehen befriedigt davon und melden zu Hause, daß sie die Jünglinge verräumt hätten.

Diese sind, versteht sich, furchtbar müde von dem Marsch und der Aufregung und legen sich zum Schlafen hin. Wenn sie ausgeschlafen haben und frisch sind, denken sie, kommen sie schon wieder aus der Höhle heraus. Nach einer gewissen Zeit wird richtig einer munter, weckt die andern, und sie besinnen sich, wo sie eigentlich sind. Es fällt ihnen ein, daß die Polizei hinter ihnen her ist. Könnte leicht sein, daß vor der Höhle jemand auf sie paßt. Sie machen also mit größter Vorsicht den Zugang frei – es geht schwer, aber schließlich geben die Steine nach – spüren herum, sehen aber, daß niemand um die Wege ist. Da freuen sie sich, die Sonne scheint warm, sie laufen auf der Wiese hin und her, damit sie wieder gelenkig werden, und dann wollen sie essen. Aber da fehlt's; keiner hat etwas dabei, also muß einer hinunter in die Stadt und einkaufen – Geld haben sie genug – und nach Neuigkeiten fragen. Es wird gelost, und der, den es getroffen hat, macht sich auf den Weg und sagt, bis zum Abend ist er wieder zurück.

Er geht natürlich hinten herum, damit er nicht gleich einem Gendarmen in die Hände läuft. Aber das hätte er gar nicht nötig, denn niemand kümmert sich um ihn. Er sucht zuerst einen Bäckerladen auf und verlangt Brot. Die Frau versteht ihn nicht recht, er sie auch nicht, aber sie verständigen sich doch, und sie gibt ihm schließlich einen großen Laib Brot, den er unter den Arm nimmt. Jetzt legt er sein Geld auf den Ladentisch, und das kennt die Frau nicht. Sie holt ihren Mann, der betrachtet die Münze und sagt, sie sei ja ganz alt und gelte schon seit ein paar hundert Jahren nicht mehr, seit dem Tod des römischen Kaisers, dessen Kopf darauf abgebildet ist. Der Brotholer schaut nicht schlecht und meint, das kann es nicht geben, und kommt ins Erzählen. Der Bäcker reißt Augen und Mund auf und schickt um den Pfarrer, und der führt den Jüngling zum Bischof. Da stellt sich heraus, daß die sieben jungen Christen genau zweihundertfünfzig Jahre in einem Stück geschlafen haben, als ob es eine einzige Nacht gewesen wäre. In der Zwischenzeit hat sich alles von Grund aus geändert; die Christen sind obenauf, und Heiden gibt es so gut wie überhaupt keine mehr, der römische Kaiser, der regiert, ist selber ein Christ, überall sind Kirchen gebaut und Pfarrer eingesetzt. Der Bischof von Ephesus holt persönlich mit dem ganzen Domkapitel die Jünglinge vom Berg herunter und verkündet überall, daß ein Wunder geschehen ist. Große Festlichkeiten werden abgehalten, aber auf einmal sind die sieben Jünglinge wieder verschwunden, und kein Mensch hat mehr etwas von ihnen gehört oder gesehen. Sie sind dann heiliggesprochen worden und haben den Namen: die heiligen Siebenschläfer bekommen.

Wenn man's richtig bedenkt, haben sie von ihrem Leben nicht viel gehabt. Blutjung haben sie schon die Christenverfolgung mitmachen und viel Angst ausstehen müssen, dann haben sie zweihundertfünfzig Jahre verschlafen, kaum sind sie aufgewacht, wieder die Aufregung, und schließlich das spurlose Verschwinden – da ist ihnen schon zu gönnen, daß sie Heilige geworden sind. Ich, sagt der Josef, mag sie gern und suche sie öfters in Rotthof heim, sie sind gute Fürbitter. Und solche, setzt er hinzu, können wir alle gut brauchen.

Darin muß ich ihm, nachdem ich älter bin, als er geworden ist, zustimmen, im besonderen, wenn ich daran denke, wie er aus dem Leben gegangen ist.

Ich bin bald nach jenem Sommer von zu Hause weg in die Stadt geschickt worden und habe ihn nur mehr in den Ferien, und da selten, gesehen. Ein junger Mensch muß viele Eindrücke unterbringen in seinem Gedächtnis, da gibt's dann leicht ein Gedränge und Geschiebe, und wichtige und wertvolle Dinge geraten dabei unten hin oder in einen Winkel, und es dauert oft ein Menschenalter, bis sie wieder zum Vorschein kommen. An unseren freundlichen Beziehungen hat sich aber nichts geändert, wenn wir auch nur mehr selten zusammengekommen sind. Ich bin immer wieder einmal am Feierabend bei ihm gesessen, er hat bedächtig seine Pfeife geraucht, und ich habe ihm von der Stadt und dem Lateinischen erzählt. Das hat er sich still angehört, aufmerksam, aber uninteressiert.

Die Zeit vor Ostern hat in unserem Dorf die Beichtzeit geheißen. Da haben reihum die Pfarrangehörigen, eingeteilt in Kinder, Jungfrauen, Jünglinge, Ehefrauen und Ehemänner, ihre Beichttage eingebracht, was bedeutet, daß sie gemeinsam mit ihren Schicksalsgenossen an einem Werktag die Osterbeichte abgelegt haben. Nach der Erledigung der kirchlichen Verrichtungen sind sie zum Lebzelter gegangen und haben dort in Form von Met Schönheit und Stärke getrunken. Für die weiblichen Wesen war damit der Festtag zu Ende, die Männer dagegen haben das Wirtshaus aufgesucht und dort nicht selten durch Unmäßigkeit im Essen und Trinken mit neuen Kräften zu sündigen angehoben.

Josef hat zu den Jünglingen gezählt, weil er ehelos geblieben war. Alljährlich ist er am Beichttag unter den jungen Burschen, deren Vater er hätte sein können, in der Kirche erschienen, in einem altmodischen schwarzen Gewand, hat sich ernst die Donnerworte angehört, mit denen der Pfarrer die männliche Jugend vor den Lastern und den Anfechtungen des Teufels gewarnt hat, ist würdevoll mit dem jungen Volk zum Lebzelter marschiert, dann aber nach Hause gegangen und hat nachmittags in der Werkstätte gearbeitet. Jahr für Jahr, durch Jahrzehnte hindurch, immer gleich.

Und einmal kommt er wieder von der Osterbeichte heim,

eine Stunde vor Mittag, zeitiger als sonst, die Wagnermutter wundert sich darüber. Er geht in seine Kammer und erscheint alsbald im Arbeitsgewand, barhaupt. Er sucht aber nicht die Werkstätte oder die Wohnstube auf, sondern verläßt das Haus, durchquert langsam den Obstgarten und betritt die Dorfstraße. Die Wagnermutter denkt, er holt Tabak; als er aber nach einer halben Stunde nicht zurückgekehrt ist, schaut sie in seiner Kammer nach. Da liegen Gebetbuch und Rosenkranz in schönster Ordnung an ihrem Platz, der schwarze Anzug hängt sauber im Kleiderschrank, und die guten Schuhe stehen am Fußende des Bettes.

Unterdem wandert der Josef bedächtig zum Dorfe hinaus und schlägt einen Fußweg ein, der nach Gerau und an die Rott führt. Der Gerauer ackert ein Feld um, sieht ihn und ruft ihm zu, wohinaus er unterwegs sei. Er bekommt keine Antwort, aber der Josef lächelt ihm von der Seite freundlich zu und geht langsam seines Weges weiter, bis zum Rottufer. Der Gerauer, verwundert über das Zusammentreffen, schaut ihm nach und sieht ihn die Böschung hinuntersteigen; dann entschwindet er seinen Blicken. Am andern Ufer erscheint er nicht mehr, denn er begibt sich, nachdem er die Schuhe ausgezogen und aufs Trockene gestellt hat, ins Wasser, um zu ertrinken. Seine Leiche wird schon am Nachmittag angetrieben. Kein Mensch hat je herausbekommen, welche Gedanken ihn dazu gebracht haben, auf diese Weise sein Leben abzulegen.

Da er immer ein untadeliger und guter Mensch gewesen ist, erklärt der Pfarrer, es ist ihm ein Unglück zugestoßen, und begräbt ihn in der geweihten Friedhofserde, und das ganze Dorf und die Bauersleute ringsum geben ihm die letzte Ehre.

Nach einiger Zeit kann man von einer Magd beim Gerauer hören, sie sei, als sie in der Morgendämmerung aufs Feld gegangen ist, um Klee für die erste Fütterung einzumähen, dem Josef begegnet. Er sei von der Rott heraufgekommen, ganz langsam, in seinem Arbeitsgewand und barhaupt. Zu Tode erschrocken habe sie keinen Schritt mehr gehen können. Er sei dicht an ihr vorüber, habe sie freundlich angelächelt und zu ihr, ohne sich aufzuhalten, gesagt, er habe etwas vergessen, das müsse er noch holen.

Über diese Begegnung ist noch eine Zeitlang gesprochen worden, die meisten haben sie der Magd aufs Wort geglaubt, dann ist der gute Wagnergeselle Josef Marchtaler in Vergessenheit geraten; Gott hab ihn selig.

Ich habe ihn, als ich ein Kind war, gern gehabt, und deshalb habe ich für mein Teil ihn nicht vergessen. Und so oft ich die Siebenschläfer in Rotthof besuche, findet auch er sich in dem Kirchlein ein und erinnert mich daran, daß die sieben jungen Heiligen gute Fürbitter sind.

Das Geständnis

Das ist eine höchst einfache Geschichte, des Erzählens nur wert, weil sie zeigt, wie schwierig es für den Strafrichter ist, den Tatbestand zuverlässig zu erforschen, nach dem er den Täter und seine Strafbarkeit zu beurteilen hat.

Es handelt sich um den siebzehnjährigen Dienstknecht Franz Garchinger, einen bitterarmen jungen Menschen, den Sohn eines Taglöhners. Die Familie Garchinger hat in einem Häusl im Moos gewohnt, ohne Zufahrt, nur mit einem kleinen Fußweg zur Straße. Sie ist von einem reichen Kindersegen verfolgt worden; Franz ist das sechste Kind gewesen in einer Reihe von neun. In dem kleinen Stall des Häusls sind zwei Ziegen gestanden, haben ein Dutzend Hühner gegackert und einige Kaninchen sich darauf vorbereitet, verspeist zu werden. Das alles hat versucht, sich von einem halben Tagwerk dunklen Moorgrundes zu ernähren. Der Vater Garchinger hat als Maurer, Torfstecher und Hilfsarbeiter aller möglichen Hantierungen im Tagelohn gearbeitet, die Mutter hat ihre ganze Kraft darauf verwendet, das Häusl und die Kinder so gut als eben möglich in Ordnung zu halten. Der Franz hat mit sechs Jahren seinen weiten und je nach der Jahreszeit mühsamen Schulweg begonnen; er hat dem Lehrer keine Freude, aber auch keinen besonderen Kummer gemacht, und als er mit zwölf Jahren aus der Volksschule entlassen worden ist, war er schon das zweite Jahr bei einem Bauern als Dienstbube in Arbeit.

Er hat dann die Feiertagsschule besucht, ist auch damit fertig geworden, inzwischen hat er ein paarmal seinen Dienstplatz gewechselt – im Umkreis von einigen Stunden – und ist zum zweiten Fuhrknecht aufgerückt. Seine Arbeit hat er ordentlich gemacht, ein wenig langsam; er ist durch nichts aufgefallen, nicht durch übertriebenen Eifer, auch nicht durch Frechheit oder Schwatzhaftigkeit oder Liederlichkeit.

Das alles habe ich entnommen aus den Akten über Garchinger Franz und Genossen wegen Brandstiftung, die ich eines Tages als Rechtspraktikant in die Hand bekam, weil mir vom Vorsitzenden einer Strafkammer die Verteidigung des Garchinger übertragen worden war. Die Anklage hat behauptet, Franz Garchinger und ein Genosse – auch ein jugendlicher Dienstknecht – hätten am Abend eines Sonntags im September einen Haufen dürren Kartoffelkrauts, der an einer mit Erntevorräten gefüllten Scheune am Rande von Wiesmoching gelagert hat, vorsätzlich in Brand gesteckt. Als Beweismittel waren angegeben: Geständnis und Zeugnis eines Gendarmen.

Der Akt ist nicht umfangreich gewesen.

Zunächst die Feststellung, daß an jenem Sonntag um zehn Uhr abends der Landwirt Alois Brenner auf dem Nachhauseweg vom Wirtshaus bei der Scheune des Hirtlanwesens seiner Gewohnheit gemäß Halt gemacht hat, um auszutreten, daß er Qualm gerochen und gesehen und daß er den Haufen Kartoffelkraut brennend gefunden hat, daß er mit dem Versuch, das Feuer auszutreten, nichts ausgerichtet, und daß er dann die Leute im Anwesen geweckt hat. Daraufhin ist die Feuerwehr alarmiert worden, viele Leute haben sich angesammelt, und der Brand ist, weil er so rechtzeitig entdeckt worden war, gelöscht worden, bevor die Scheune zu brennen angefangen hat.

Nach den Umständen ist Brandstiftung angenommen worden. Der Verdacht hat sich auf die Dienstknechte Garchinger und Much gerichtet, die unter den ersten am Brandplatz erschienen sind und nach sicherer Beobachtung einige Zeit vorher das Wirtshaus, in dem auch Brenner gewesen war, verlassen hatten. Sie sind am Dienstag darauf festgenommen und auf die Gendarmeriestation gebracht worden, nach anfänglichem Leugnen haben sie ein umfassendes Geständnis abgelegt, dergestalt, daß sie sich vom Wirtshaus weg noch herumgetrieben haben und dabei auf den Gedanken verfallen sind, die Scheune anzuzünden, um einmal ein richtiges Feuer zu sehen. Nach Ablegung des Geständnisses sind sie ins Untersuchungsgefängnis München am Neudeck eingeliefert worden. Der Ermittlungsrichter hat sie innerhalb vierundzwanzig Stunden verhört und darüber im Akt vermerkt, daß das Geständnis aufrecht erhalten wird; darauf ist Haftbefehl ergangen, gegen den Beschwerde nicht erhoben worden ist. Der Untersuchungsrichter, der nunmehr die Sache bearbeitet hat, ist zu keinem andern Ergebnis gekommen: vorsätzliche Brandstiftung, Tatbestand und Schuld erwiesen durch das umfassende, glaubhafte und mehrmals wiederholte Geständnis der Angeklagten.

So, und nun ist Termin zur Hauptverhandlung angesetzt, und ich bin für den Franz Garchinger als Pflichtverteidiger bestellt. Ich bin darüber nicht begeistert gewesen. Mir scheint meine Mitwirkung ziemlich bedeutungslos, denn ich kann ja weiter nichts tun, als auf die Jugend und die bisherige Straflosigkeit des Garchinger, sein Geständnis und den geringen Schaden hinweisen, der entstanden ist. Das wissen die Richter aber alles schon von selbst, und das werden sie ohnehin berücksichtigen.

Pflichtgemäß suche ich den Garchinger im Gefängnis auf, anfangs November. Ein blasser, mittelgroßer junger Mensch kommt ins Sprechzimmer. Mit langsamen Bewegungen setzt er sich. Seine Gestalt und seine Hände zeigen, daß er schon viele schwere Arbeit getan hat. Er redet nichts, schaut mich kaum an, und ich weiß nicht, ob er mir überhaupt zuhört. Auf die Frage, warum er angezündet hat, gibt er keine Antwort. Ich kann mir, wie ich den Garchinger so vor mir sehe, nicht denken, daß er eine Scheune anzündet, um ein richtiges Feuer kennenzulernen, und werde begierig herauszubringen, was nun eigentlich die Ursache und der Grund der Brandlegung gewesen ist. Am nächsten Tag gehe ich wieder ins Gefängnis und frage und frage von allen Seiten her, rede mit ihm über seine Kinderzeit, über seine Arbeit – nichts. Er ist ganz und gar stumpf und teilnahmslos; schaut vor sich hin, rührt sich nicht, sagt ja und nein und nickt, zum Reden ist er nicht zu bringen. Der Gefängnisbeamte sagt mir, der Garchinger sei ein williger und braver Kerl, schade um ihn, daß er eine solche Dummheit gemacht hat; wenn er jetzt als Brandstifter bestraft ist, kann er sich bei den Bauern nicht mehr sehen lassen, was soll er dann anfangen? Ich werde allmählich unruhig, der Garchinger geht mir nicht aus dem Kopf, und nach ein paar Tagen lasse ich ihn nochmals vorführen.

Es ist ein Spätherbstnachmittag, wie er sich zuweilen ereignet, warm und voll Licht, eine Abschiedsvorstellung der Sommersonne, man ist überzeugt, einen Feiertag vor sich zu haben, ist unlustig, die gewöhnliche Arbeit zu tun, und läßt sich zu allem behaglich Zeit.

Ich muß auf den Garchinger warten, der Aufseher holt ihn von einer Beschäftigung her, und ich öffne das Milchglasfenster des Sprechzimmers, um hinauszuschauen.

Das Gefängnis am Neudeck liegt am Fuße eines steilen Hanges, der es überragt. Der Hang trägt Bäume und kleine Gärten mit Blumen und Gemüse, ein Fußweg geht im Zickzack hinan, zur Benützung für die Gartenbesitzer.

Man sieht vom Sprechzimmer im dritten Stock, in dem ich stehe, über dem Hang den blanken blauen Himmel, nichts von der Straße, die oben entlang führt, nichts von dem Wirtschaftskeller und den Häusern, die oben stehen jenseits der Straße. Menschen zeigen sich gegenüber nicht, es ist ganz still, unbewegt schimmert das blaue Firmament, ein breiter Sonnenstrahl liegt im Zimmer.

Endlich erscheint der Garchinger, wir setzen uns gegenüber, ein schwerer, an den Boden geschraubter Tisch steht zwischen uns. Das Fenster bleibt offen, der Aufseher hat es nicht beanstandet.

Ich beginne das Gespräch, das ich mir vorher sorgfältig zurecht gelegt habe, hole weit aus, nähere mich vorsichtig den Dingen, auf die es mir ankommt, schleiche mich ganz nahe heran und glaube, den stumm und unbeteiligt vor mir Sitzenden durch Überraschung zum Reden bringen zu können. Der erste Gang ist erfolglos; ich schicke mich zu einem zweiten an.

Plötzlich wirft der Garchinger den Kopf auf und sitzt kerzengerade da. Oben auf der Straße geht ein schweres Fuhrwerk, ein Ziegelwagen vielleicht. Man hört den Klang der auf dem Kopfsteinpflaster stolpernden Räder, das Knarzen und Ächzen eines schwer belasteten Wagengestells und den langsamen, gewichtigen Schritt kräftiger Zugrosse.

Der Garchinger rührt sich nicht, er horcht nur und wendet den Kopf nicht zum Fenster, auch nicht, als das Fuhrwerk jetzt stillesteht.

Ich will nicht, daß er von meinen Fragen abgelenkt wird und stehe auf, um das Fenster zu schließen. In diesem Augenblick ziehen die Pferde an, die Hufe suchen hörbar nach Halt auf dem Pflaster, der Wagen stöhnt, und darüber erhebt sich die hell klatschende Melodie, die nun der Fuhrmann, sich und den Pferden zur Freude, seiner langen Peitsche entlockt. Eine kurze Strophe zuerst, eine längere, fröhlich verschnörkelte folgt, und dann kommt ein kraftvoller, weit ausschwingender Abgesang, unter dem das Fuhrwerk oben an uns vorbeizieht.

Der Garchinger aber sinkt auf einmal vorne über, schlägt mit den Armen auf dem Tisch auf, birgt sein Gesicht hinein und beginnt ein Schluchzen, daß es mich kalt überläuft. Es schüttelt ihn jammervoll, er wimmert in abgerissenen Tönen, schließlich weint er haltlos, laut und lang.

Ich gehe nicht zum Fenster, sondern setze mich, wo ich bin, wieder hin und warte. Und vergesse ganz und gar, warum ich da bin, alle meine taktischen Pläne sind entwichen. Ich habe nur die Sorge, daß der Aufseher kommt und uns stört, uns beide. Das geschieht aber nicht, Gott sei Dank, und ich kann die Augen zumachen und an meine eigene Kinderzeit denken, in der viele Fuhrwerke mit dampfenden Rössern, begleitet von bewunderten Künstlern im Peitschenknallen, auf weißen Straßen in der Herbstsonne ins Dorf gezogen sind und mich selig gemacht haben, und der Garchinger kann sich unterdessen ausweinen. Das dauert lange, aber es hört einmal auf, und nun können wir zwei miteinander reden, die Herzen sind weit offen, wir verstehen uns ganz.

Der Garchinger hat mit dem Brande nichts zu tun und der Much auch nicht. Sie haben an jenem Sonntag ihre abendliche Stallarbeit frühzeitig fertig gemacht und sind dann ins Wirtshaus, wo sie sich so lange aufgehalten haben, bis nach ihrer Vermutung die Resi in ihre Kammer gegangen war. Die Resi ist eine Unterdirn in der Nachbarschaft, und sie haben beschlossen, zu ihr ans Fenster zu gehen. Von diesen Dingen haben sie schon Aufregendes gehört, probiert haben sie es noch nicht. Sie wissen auch, daß dazu eigentlich einer immer allein sein muß, aber zum erstenmal – wenn man sich so gar nicht auskennt und die Resi auch keine Ahnung hat – da ist es schon sicherer, man geht zu zweit.

Als es soweit ist, verlassen sie das Wirtshaus, schleichen sich zum Bauernhof, wo die Resi im ersten Stock ihre Kammer hat, holen aus der Holzschupfe eine Leiter, lehnen sie an die Mauer neben dem begehrten Kammerfenster, und nach einigem Hin und Her steigt der Much hinauf, beugt sich zum geschlossenen Fenster hinüber, klopft und flüstert, stockend zwar, aber weithin vernehmlich, die Resi soll ans Fenster hergehen und aufmachen, er müsse ihr was sagen. Seine Bemühungen haben keinen Erfolg. Es bleibt dunkel und totenstill in der Kammer. Nun soll der Garchinger sein Glück versuchen. Wie er die Leiter angeht, öffnet sich oben das Fenster und die Resi ruft herunter, die beiden sollten schauen, daß sie augenblicklich weiterkämen, sonst weckt sie den Bauern auf und dem Hias sagt sie es auch – der Hias ist Knecht auf dem gleichen Hof und mit ihr so gut bekannt, daß er nicht duldet, daß sie von fremden Burschen in ihrer Nachtruhe gestört wird. Die beiden nehmen die Drohung aber nicht so ernst, sie versuchen, mit der Resi in ein Gespräch zu kommen, und die bleibt auch brav am Fenster, wo sie sich um so sicherer fühlt, als die zwei unten am Fuß der Leiter stehen.

Da hört man in der Nähe plötzlich „Feuer" rufen. Jetzt pressiert's. Der Bauer wird aufwachen über dem Geschrei und der Hias natürlich auch, die zwei Burschen nehmen die Leiter, bringen sie in die Holzschupfe zurück, verschwinden vom Hof und laufen dem Feuerruf zu. So kommen sie zeitig an die Brandstelle – gebrannt hat es gar nicht, nur recht geraucht – und machen sich dort nützlich, wie es sich gehört. Dann erscheint die Feuerwehr, findet aber eigentlich nichts mehr zu tun, und die beiden trollen sich nach Hause.

Am Dienstagvormittag, erzählt der Garchinger weiter, holt ihn vom Feld, wo er ackert, der Gendarm weg auf die Station. Der Much ist schon da. Nun werden sie ausgefragt, jeder einzeln, wo sie gewesen sind, nachdem sie das Wirtshaus verlassen haben. Von der Resi sagt der Garchinger nichts, er erzählt, daß sie eben herumgegangen sind. Auch der Much tut der Resi keine Erwähnung, aber seine Schilderung lautet anders, als die des Garchinger. Der begreift zuerst gar nicht, was man von ihm will, bis ihn der Gendarm fragt, ob sie angezündet hätten. Nun ist er beruhigt, da kann nichts fehlen, das haben sie nicht getan, und das erklärt er auch dem Gendarmen „in frechem Ton", wie dieser in der Verhandlung bekundet.

Der Gendarm bringt nichts heraus, was mit dem Brand etwas zu tun hätte, aber er stellt Widersprüche fest in den Aussagen der beiden darüber, wo sie die halbe Stunde verbracht haben, ehe sie am Brandplatz erschienen sind. Erfahrungsgemäß sind die Brandstifter immer unter den ersten, die beim Feuer erscheinen, dazu diese Widersprüche, das reicht für einen dringenden Verdacht, der Gendarm behält die beiden einmal auf der Station. Zwei Tage lang. Aber wenn sie auch in ihren Aussagen, wo sie gewesen sind, immer weiter auseinandergekommen, darin stimmen sie überein, daß sie nicht angezündet haben, und sind durchaus unbekümmert. Nur dauert es etwas lang, daß sie nicht nach Hause dürfen, nachts frieren sie, weil sie keinen Rock haben – bei der Feldarbeit haben sie ihn nicht gebraucht – und mit dem Essen ist es auch nicht weit her. Sie fragen, wann sie entlassen werden. Der Gendarm sagt, das kommt ganz darauf an: Wenn sie daran festhalten, daß sie den Brand nicht gelegt haben, kommen sie nach München ins Gefängnis und bleiben dort so lange, bis alles aufgeklärt ist, und daß da Monate vorüber vergehen oder Jahre, dafür steht er ihnen gut. Wenn sie aber ein Geständnis ablegen, dann geht's schnell, in ein paar Tagen sind sie wieder daheim, was ist denn schon passiert, wegen dem Krauthaufen wird man keine großen Geschichten machen, und außerdem, seien sie ja auch Jugendliche.

Der Garchinger überlegt schwer, was er tun soll. Zwar begreift er nicht, wieso es ihm gut geht, wenn er die Brandlegung zugibt, dagegen jahrelang eingesperrt wird, wenn er der Wahrheit gemäß erklärt, er sei es nicht gewesen, aber das sind halt so Sachen, in denen man sich nicht leicht auskennt. Jedenfalls sind Vorteile und Nachteile so klar geschieden, daß er ein Narr sein müßte, wenn er nicht nachgäbe. Den letzten Zweifel nimmt ihm der Gendarm mit der Mitteilung, der Much habe schon gestanden – was richtig ist, der Much hat das getan, weil ihm der Gendarm gesagt hat, der Garchinger habe gestanden. Nun kommen die beiden zum erstenmal wieder zusammen, sie schauen sich vergnügt an, weil sie so schlau gewesen sind und ein Geständnis abgelegt haben, das der Gendarm nun aufschreibt und von ihnen unterzeichnen läßt. Dann hört aber die Gemütlichkeit auf, der Gendarm verbietet ihnen streng, miteinander zu reden, geht mit ihnen zur Bahn –

sie haben noch immer keinen Rock – und bringt sie in das unheimliche Gefängnis am Neudeck, wo sie in getrennten Zellen untergebracht werden.

Der Garchinger sieht zu seinem Schrecken, daß er ausgeschmiert worden ist – aber das muß sich bald wieder richten, denn sie haben doch nichts getan. Am nächsten Tag wird er einem Richter vorgeführt, der ihm kurz seine Straftat vorhält und ihn fragt, ob er bei seinem Geständnis bleibt. Das fragt er nur so nebenbei, die Antwort weiß er schon, und der Sekretär ist schon eifrig beim Schreiben. Indessen erlebt er eine Überraschung: der Garchinger sagt, er und der Much haben nicht angezündet und sie wissen von dem Brande überhaupt nichts. Da steht es aber doch, von ihm unterschrieben, erst gestern – was glaubt er denn eigentlich, der freche Bauernbursch, will er mit dem Gericht Schindluder treiben? Er soll sich hüten, sonst lernt er das Gericht kennen.

Wie soll da der Franz Garchinger aus dem Mooshäusl zurecht kommen? Er besitzt die Gabe der Rede nicht, er kann nur wiederholen, daß er nichts getan hat, und wenn er das sagt, wird die Obrigkeit wild und fährt ihn an, da bleibt ihm nichts übrig als still zu sein. Der Richter ist zufrieden, daß der Garchinger „Vernunft annimmt", läßt niederschreiben, daß der Angeschuldigte sein Geständnis wiederholt, der Garchinger setzt seinen Namen darunter, erhält Kenntnis von dem Beschluß, daß Haftbefehl gegen ihn erlassen ist, und wird in seine Zelle zurückgebracht. Dort sind außer ihm noch zwei Gefangene, denen er seine Geschichte erzählt. Sie glauben ihm nicht, daß er unschuldig ist, sagen ihm aber, er hätte sich sehr dumm benommen, das Geständnis nütze ihm nichts, er müsse es widerrufen.

Das will er auch, als er demnächst vor den Untersuchungsrichter geführt wird. Er ist jetzt schon drei Wochen eingesperrt wegen nichts und wieder nichts, und es wird Zeit, daß er endlich wieder heimkommt zu seinem Bauern. Er nimmt sich vor, sich jetzt auf nichts mehr einzulassen und darauf stehen zu bleiben, daß er nicht angezündet hat. Armer Garchinger! Mit zwei unterschriftlich bestätigten Geständnissen willst du dem Untersuchungsrichter Schwierigkeiten machen? Schau, der kennt sich doch aus. Er weiß, wie die Angeklagten versuchen, sich herauszuziehen, wenn sie merken, daß es Ernst wird. Aber bei ihm gelingt das nicht. Nur das Geständnis ist die Wahrheit, alles andere ist freche Lüge, und der freche Lügner wird die ganze Schwere des Gesetzes zu fühlen bekommen. Und da ist zu allem Überfluß noch der Much, der auch gestanden hat und das aufrecht erhält. Der Garchinger muß sich wundern, daß der Much, den er für gewandter hält als sich selbst, nicht schon lange gemerkt hat, was da mit ihnen gespielt wird – er weiß ja nicht, daß es mit dem Much nicht um ein Haar anders geht als mit ihm selbst. Jedenfalls kann er sich auch beim Untersuchungsrichter nicht durchsetzen. Und jetzt ist ihm schon alles gleich, er nimmt sein Schicksal, gegen das er wehrlos ist, hin und sagt gar nichts mehr und unterschreibt zum drittenmal sein Geständnis.

Das alles höre ich vom Garchinger, der lange erzählt und mir Zeit läßt zu ergänzen, was er nicht sagt.

Inzwischen ist die Sonne verschwunden, es ist kühl geworden, und ich schließe das Fenster, durch das die Wahrheit hereingekommen ist.

Was fange ich nun mit dieser Wahrheit an? Aus dem harmlosen Fall ist plötzlich eine schwere Aufgabe herausgewachsen. Einen jungen Menschen schreckt indessen nichts, und dazu kommt die Freude über das Vertrauen des Garchinger, das ich schon als Erfolg empfinde. Ich setze dem Franz Garchinger auseinander, daß es für die Wahrheit nie zu spät ist und daß er in der Hauptverhandlung sein Geständnis widerrufen und alles so sagen muß, wie es wirklich gewesen ist, den Besuch bei der Resi vor allem nicht zu vergessen.

Er handelt getreu nach meinen Worten, der Much schließt sich ihm an. Obwohl es nun keinerlei Widersprüche zwischen ihren Aussagen mehr gibt, gerät der Vorsitzende der Strafkammer, ein alter Richter, darüber so außer Rand und Band, daß man fürchten muß, es trifft ihn auf der Stelle der Schlag. Er lasse sich von diesen grünen Bauernlümmeln weder zum Narren halten, noch so frech anlügen; dreimal haben sie ein glattes Geständnis abgelegt – er schlägt wütend auf die Akten – und jetzt wollen sie leugnen. Es sei ausgeschlossen, daß sie dreimal gestanden hätten, glatt gestanden, wenn sie nicht angezündet hätten.

Das Motiv? Ach du lieber Gott, bei solchen Burschen braucht es kein Motiv, die zünden an, wie es ihnen gerade einfällt, aus Gemeinheit und Verderbtheit; Anstand und Gottesfurcht kennen ja diese Lümmel nicht. Es sei durchaus glaubhaft, daß sie es getan haben, um ein richtiges Feuer zu sehen, wie sie es selbst gesagt hätten.

Vielleicht haben der Gendarm und die Richter – er gerät immer mehr in Zorn – die Geständnisse erschwindelt und erpreßt? Da könne man ja auch noch sagen, er selbst wolle jetzt ein Geständnis erzwingen? Mit solchen abgestandenen Geschichten dürfe man ihm alten, erfahrenen Richter nicht kommen, und das Urteil werde darauf Rücksicht nehmen, daß die Burschen die Unverschämtheit besäßen, Beamte und Richter strafbarer Handlungen zu bezichtigen.

Auf meine Veranlassung erscheint die Dienstmagd Therese Niggl an der Gerichtsstelle und wird als Zeugin vernommen. Sie bestätigt unter Eid, daß die beiden Angeklagten an ihrem Kammerfenster gewesen sind und dort den Feuerruf gehört haben; sie habe das schon am Tag darauf dem Hias erzählt, der könne das beschwören, weil er gesagt hat, er schlagt den beiden das Kreuz ab, wenn sie sich bei ihr nochmals blicken lassen, und weil sie ihm erwidert hat, das braucht er nicht, sie wird schon allein fertig.

„Und wo sind die Burschen gewesen, ehe sie zum Kammerfenster gegangen sind?"

Das weiß die Resi nicht, aber der Vorsitzende weiß es und hält es den Angeklagten vor: Zuerst haben sie den Krauthaufen angezündet, und dann sind sie in der Nähe zu einem Kammerfenster, um ein Alibi zu haben – das ist sonnenklar und wahrhaftig nicht schwer zu durchschauen.

Soll ich dem Gericht sagen, wie es dazu gekommen ist, daß der Angeklagte Franz Garchinger mir den Hergang so geschildert hat wie heute dem Gericht? Ja, das muß ich tun, das hat mir jeden Zweifel genommen, und das wird auch die Richter überzeugen.

Aber auch damit richte ich nichts aus, die Richter sind viel zu erbost über den Widerruf der Geständnisse. Der Vorsitzende hört mir zwar zu, sogar mit allzu sichtbarer Aufmerksamkeit, aber dann erklärt er, wenn ich erst einmal so lange mittue wie er, werde ich auf solche Burschen nicht mehr hereinfallen.

Garchinger und Much sind wegen vorsätzlicher Brandstiftung zu einem Jahr Gefängnis verurteilt, die Untersuchungshaft ist nicht angerechnet und Bewährungsfrist ist ihnen völlig versagt worden, trotz ihrer Jugend, trotz ihrer bisherigen Straflosigkeit, trotz des kaum nennenswerten Schadens, der durch den Brand entstanden ist, weil sie durch den Versuch, in der Hauptverhandlung ihr Geständnis zu widerrufen und frech zu leugnen, bewiesen haben, daß sie nur durch Verbüßung einer strengen Strafe von weiteren Untaten abgehalten werden können.

Die Richter haben sicherlich in gutem Glauben gehandelt. Aber ihre Erfahrenheit hat sie gehindert, die Wahrheit zu sehen und zu hören.

Der Blitz

Am frühen Nachmittag zeigt sich senkrecht am prangenden Sommerhimmel überm Fockenstein eine weiße, zart gebauschte, dunkel geränderte Wolke. Sie wandert unauffällig und bescheiden gegen Osten. Unterwegs erhält sie von anderen ihresgleichen Zuzug, die unvermerkt aus dem Kreuther Tal und der Gegend zwischen Isartal und Taubenberg sich einfinden. Zuerst ziehen sie alle für sich des Wegs, als ob sie nichts voneinander wüßten und auch gar nichts wissen wollten, auf einmal aber sind sie dicht beisammen, ihre blauschwarzen Ränder fließen langsam ineinander und werden zum Hintergrund für die hellen Wolken, die sich ihrerseits vereinigen und allmählich zu mächtigen Gebirgsstöcken aufblähen. Die gespenstische Landschaft treibt mit immer heftiger werdendem Schwung lautlos auf die Sonne zu, die ruhevoll auf ihrer Bahn nach Westen dahinzieht. Nach einiger Zeit erreichen sie sich. Der riesige Wolkenwürger schiebt sich über die Sonne und erstickt sie. Das goldene Tageslicht verwandelt sich von einem Augenblick zum andern in einen giftigen Dämmerschein, eine unheimliche Tagesnacht ist angebrochen.

Wir geben uns keinem Zweifel hin, was das zu bedeuten hat. Wir machen im Haus die Fenster zu, stellen die Geranien- und Nagerlkästen vom Geländer der Laube herab auf den Boden, verschließen die Stalltüren, bringen mit vereinten Kräften noch zwei Fuder Grummet, die schon aufgeladen sind, in die Scheune, sprechen den Obstbäumen, die bis in die Wipfel zittern, Mut zu – ein alter Apfelbaum, ein sturmerfahrener, hat sich nach der Windseite ganz schmal gemacht – und warten.

Nicht lange. Rechts und links in der Tiefe unter uns hebt plötzlich ein stöhnendes Krachen an, Sturmstöße fahren wie rasend in die Baumkronen, wehe allen hochgewachsenen Stämmen, jungen und alten, die sich nicht darauf gerichtet haben! Unmittelbar darauf rauschen an beiden Längsseiten unserer schmalen Bergnase dichte, flüssige Vorhänge nieder, hinter denen gewaltiges Brausen zu hören ist. Nun beginnt es auch ringsum zu blitzen; kaum sichtbare gelbe Lichter spritzen durch die Schleier, gefolgt von bösartigem, mächtigem Klirren und Reißen der Donner; alles das geschieht um uns herum, wir selbst bleiben verschont, so nahe uns auch das Unwetter auf den Leib gerückt war – nur ein Sprühregen wie aus einem ungeheuren Zerstäuber geht auf uns nieder.

Das Gewitter sucht im übrigen die ganze Gegend heim und läßt sich nicht Mühe und Zeit verdrießen, um in jeden Winkel und jede Schlucht zu kommen. Wir schauen ihm auf der Hausbank unter der Laube an der Ostseite lange zu, hingerissen von seiner Gewalt und Schönheit. Wie erschließt sich doch unser Empfinden der Größe schauerlicher und furchtbarer Ereignisse, wenn wir sie aus sicherer Entfernung auf uns wirken lassen!

Das Gewitter dauert bis in den Abend hinein, dann wird es wieder still und friedlich, und wir begeben uns zur Ruhe.

Beim ersten Morgendämmern hebt uns ein Donnerschlag, der einem Erdbeben gleich das Haus rüttelt, mit einem einzigen Schwung aus den Betten heraus. Unter dem Schutz unseres süßen Schlummers hatte sich ein kleines Gewitter – es hat nur einen Blitz und einen Donner mitgeführt – herangeschlichen und uns überfallen. Es hat wahrscheinlich geglaubt, mit uns wird es leicht fertig, das war aber eine Täuschung. Es scheitert an der Licht- und Telefonanlage. Diese allerdings vernichtet es völlig, aber damit ist seine Kraft auch erschöpft.

Als wir das festgestellt haben, beruhigen wir uns schnell wieder, indessen wäre es übel gewesen, wenn der Blitz gezündet hätte – unter einer Stunde hätte uns keine Feuerwehr zu Hilfe kommen können, und bis dahin wäre von unserem

Anwesen nichts mehr übrig gewesen. Diese Überlegung erinnert uns daran, daß es Blitzableiter gibt, und ich schreibe sogleich in die Stadt an ein Blitzableitergeschäft, dessen Inhaber, ein kleiner, untersetzter Mann in mittleren Jahren, wohlerfahren in seinem Beruf und mit der Sicherheit des Auftretens, die überlegenes fachliches Können verleiht, alsbald bei uns erscheint.

Wir – er und ich – gehen zusammen ums Haus, und er erläutert mir die Situation.

Zunächst stellt er mit Nachdruck fest, daß das ganze Haus aus Holz ist. Ich bestätige das und füge hinzu, das sei schon immer so gewesen, ich hätte es nie anders gesehen.

Er bleibt stehen, runzelt die Stirne und schaut mich bedeutend an. Ein Haus, sagt er, das ganz aus Holz besteht, das ist, wie er mir auf Grund seiner Erfahrungen versichern kann, durch Feuer ganz besonders gefährdet, das wird häufig nicht erkannt. Und viele Leute bilden sich ein, sie verstehen etwas vom Blitz, und in Wahrheit haben sie keine Ahnung davon. Es gibt sehr verschiedene Blitze, er will sie mir gar nicht aufzählen, weil ich es wahrscheinlich doch nicht auseinanderhalten kann, aber das muß ich wissen, daß es gefährliche und ungefährliche gibt – ganz ungefährliche eigentlich nicht –, und man muß sie nehmen, wie sie daherkommen, man kann sie nicht vorher untersuchen und erkennen, und es geht alles sehr schnell beim Blitzen; wenn man sich da nicht schon gerichtet hat, ist es zu spät. Er will mir nur das Eine sagen: mein Haus steht frei auf der Höhe und ist ganz aus Holz, mit einem einfachen Blitzableiter ist da nichts getan, es gehört eine Anlage her mit mehreren Empfängern, sonst haut mich der nächste Blitz in Grund und Boden, so wahr er vor mir steht.

Ich sehe das ein und stimme ihm zu. Daraufhin erklärt er mich für einen vernünftigen und denkenden Menschen, und so einem hilft er gerne. Er wird die Anlage gleich machen lassen und zunächst das Material herausschicken, das ich mit dem Fuhrwerk an der Bahn abholen muß. Ich frage ihn nach dem Preis des Unternehmens; seine Antwort gibt mir einen Stich. Ich lasse mir aber nichts merken, um seine Achtung nicht zu verscherzen, und was bleibt mir auch übrig, nachdem mein Haus ganz aus Holz ist.

Nach einiger Zeit kommt die Mitteilung, das Material sei abgereist, und ich fahre mit einem kleinen Pferdewagen zur Bahn, in dem Glauben, für einen Blitzableiter seien nur ein paar Drähte und ein paar Stangen nötig und die brächte ich auf meinem Wagen leicht unter. Das Material füllt aber einen halben Eisenbahnwagen aus, und es werden zwei schwere Fuhren notwendig, um die Platten und Stangen und Drähte zum Anwesen zu befördern. Zuerst erschrecke ich über diese Menge, aber dann freue ich mich, weil ich mir sage, bei soviel Aufwand wird die Blitzableiteranlage ganz großartig, und passieren kann da nichts mehr.

Nun verständige ich den Geschäftsmann in der Stadt, daß alles bereit ist, und er verspricht mir, sogleich den Blitzableitersetzer zu schicken. Dieser erscheint auch alsbald: ein älterer Mensch, mit einem struppigen, aber entschlossenen Gesicht und einem mühsamen Gang, namens Ohnesorg. Er erzählt mir, daß er nun schon mehr als dreißig Jahre bei seinem Geschäft ist, und das bringt es mit sich, daß er immer wieder einmal vom Dache herunterfällt. Das läßt sich mit dem besten Willen nicht vermeiden. Wenn man dabei auch seine Erfahrungen macht und es lernt, richtig aufzufallen, so zerbricht doch in der Regel irgend etwas, und es ist verständlich, daß es Schwierigkeiten hat, die Stücke immer wieder ordentlich aufeinanderzupassen. Um zu sagen, wie es ist: bei ihm stimmt eigentlich nichts mehr ganz richtig, vor allem sind die Kniescheiben nicht an ihrem Platz. Daher kommt auch, sagt er, sein mühsamer Gang. Aber ihn stört das nicht, auf dem Dache kann er immer noch gut arbeiten, und herumzulaufen braucht er ja nicht, Gott sei Dank. Ich frage ihn, wieviel Zeit er zu unserem Blitzableiter benötigt, und er antwortet, unter fünf Tagen wird er nicht fertig. Wegen der Verpflegung brauche ich mir aber keine Gedanken zu machen, denn da ist er nicht anspruchsvoll. Feste Nahrung wünscht er wenig, er hat sich gewöhnt, in der Hauptsache Flüssigkeit zu sich zu nehmen und fühlt sich dabei sehr wohl; für diese allerdings muß ich Sorge tragen.

Das verspreche ich ihm, und nun zieht er gleich sein Arbeitsgewand an, ein schwefelgelbes Übergewand, bestehend aus Hose und Bluse, und erläutert mir, wie die Arbeit vor sich geht. Er selber, sagt er, wird auf dem Dache arbeiten und dort zunächst die Stangen setzen und die Drähte anlegen. Inzwischen muß für die Kabel am Haus ein Graben gezogen werden, einen Meter tief, der in der Odelgrube endet.

Das Haus steht auf einem schmalen Höhenrücken, das Gesicht nach Osten gewendet, angebaut ist westwärts Stall, Wagenschuppen, Scheune mit Auffahrt; Misthaufen und Odelgrube liegen an der Nordseite, wie es sich gehört. Licht- und Telefonleitung sind an der Südostecke in das Haus eingeführt, und dorthin werden auch die Blitzableiterdrähte gelegt. Der Weg von da in die Odelgrube ist nicht weit: die Ostfront und ein Stück die Nordseite entlang. Ohnesorg ordnet aber an, daß der Graben die ganze Südseite entlang geführt werden muß, hinten um die Tennenausfahrt herum und in deren Nordschatten in die Grube, das ist dreimal so weit, außerdem ist dort fast durchwegs eine harte Bodendecke, und von der Arbeit abgesehen brauchen wir auch viel mehr Kabel. Das setze ich dem Ohnesorg auseinander, ohne ihn von seiner Anordnung abzubringen.

Der Blitz, sagt er, darf nicht merken, was man mit ihm vorhat. Die Blitze sind äußerst schlau und wissen gut, daß sie gar nichts ausrichten, sondern schmählich zugrunde gehen, wenn sie in einen Blitzableiter geraten. Sie passen deshalb scharf auf, ob nicht so eine gefährliche Anlage in der Nähe ist. Freilich, mit frischen, goldenen Spitzen kann man sie immer fangen, denen können sie nicht widerstehen, da verlieren sie jede Überlegung. Aber sonst sind sie schwer zu täuschen, und deshalb müssen wir den Graben ganz unverfänglich anlegen. Ist ein Blitz erst da drinnen, dann kann er nicht mehr aus, er saust das Haus entlang, und ehe er weiß, wie ihm geschieht, stürzt er in die Odelgrube. So muß es sein.

Ohnesorg hat, wie man sieht, ein sehr persönliches Verhältnis zu seinem Geschäft und kennt sich mit den Blitzen aus.

Nun also fangen wir, der Baumeister und ich, an zu graben. Eine mühselige Arbeit, vierzig Meter Graben, einen Meter tief und einen halben breit, das versteht jeder, der einmal so etwas gemacht hat. Dazu haben wir viel Regen, was unsere Stimmung nicht verbessert. Ohnesorg hantiert unterdem auf dem Dache, ihn stört das Wetter nicht, er ist auch immer aufgeräumt, pfeift und singt auf seine Weise unbekannte Melodien zu seltsamen Worten und läßt sich seine flüssige Nahrung gut schmecken, von der er sich viel zuführen muß, um die feste Nahrung zu ersetzen.

Nach ein paar Tagen haben wir den Graben fertig, auf dem Dach stehen drei Stangen mit blitzenden Spitzen, und allerlei Drähte hängen an dem Haus herunter.

Am vierten Tag regnet es von früh an, nachmittags hört es aber beizeiten auf, und betörender Sonnenschein breitet sich über die Erde. Schon ziehen aber von Westen wieder Wetterwolken heran, aufgeregt und hastig. Ich mache den Ohnesorg darauf aufmerksam und rufe ihm zu, er soll vom Dach heruntersteigen. Er erwidert mir, wegen eines Gewitters geht er noch lange nicht vom Dache herunter, er bleibt, wo er ist. Als es aber in der Gegend mit großer Heftigkeit zu blitzen beginnt, steigt er doch herab, und ich setze ihm nicht ohne Sorge auseinander, daß wir jetzt in einer üblen Lage sind. Denn alles, was beim Blitzableiter dazu bestimmt ist, den Blitz anzulocken, ist fertig – großartig auch noch, die Spitzen auf den hohen Stangen leuchten, daß es eine Pracht ist –, aber nichts von dem, was den Blitz unschädlich machen soll. Die Drähte hängen lose am Haus, und im Graben sind noch keine Kabel gelegt. Ich muß sagen, daß ich selbst, wenn ich ein Blitz wäre, keinen Augenblick gezögert hätte, in diese funkelnden Stangen hineinzufahren, da ja ein Blinder sehen muß, daß nicht die geringste Gefahr damit verbunden ist.

Ohnesorg verschließt sich meinem Kummer nicht, aber er sagt, er weiß schon, was wir tun müssen. Wir sollen sofort ein großes Schaff mit Wasser bringen, und da hinein wird er das Ende der herabhängenden Drähte legen, dann wird der Blitz, der in die Stangen schlägt, eben in diesem Wasser, und zwar elendiglich, umkommen. Wir schleppen also, während es plötzlich dunkel wird, die Vorhut des Gewittersturmes bei uns eintrifft und bösartig auf die Bäume niederstößt, schnellstens ein großes Schaff Wasser herbei, und Ohnesorg in seinem schwefelgelben Anzug schickt sich an, die Drähte hineinzulegen. Das glückt aber nicht mehr. Wie er den Draht anfaßt, läßt er ihn auch schon mit einem Wehlaut wieder fahren und sagt erschrocken: „Es ist zu spät."

Inzwischen ist das Gewitter in voller Heftigkeit über uns ausgebrochen. Ohnesorg erklärt, wir müssen unverzüglich das Vieh aus dem Stall holen und uns selbst davonmachen, denn es ist mit Sicherheit zu erwarten, daß ein Blitz ins Haus schlägt und alles in Flammen aufgeht. Das ist eine schmerzliche Eröffnung, aber wir haben keine Zeit, lange nachzudenken. Wir machen das Vieh los, treiben es aus dem Stall und rennen alle, Männer, Weiber, Kinder, mitsamt dem Ohnesorg, der jetzt nicht hinten bleibt, vom Anwesen weg mitten auf die freie Wiese. Ein wolkenbruchartiger Regen geht auf uns nieder, es blitzt und donnert, daß uns nur so schaudert, wir warten voller Angst und Entsetzen darauf, daß unser gutes, altes, treues Haus jählings von einem Blitz angefallen wird und in Flammen aufgeht. Um uns herum toben wie wahnsinnig die Kühe und Kälber und Schweine und das Pferd; sie begreifen nicht, warum sie ausgerechnet während eines solchen krachenden Unwetters aus dem Stall heraus gemußt haben.

Indessen, das Gewitter geht vorüber, und es ereignet sich nichts. Wir fangen das Vieh wieder ein und bringen es in den Stall und sind sehr froh, daß das Haus nicht abgebrannt ist, aber auch ein klein wenig enttäuscht. Denn schließlich hätte man erwarten können, daß eine nagelneue, gleißende Blitzableiteranlage zeigt, was sie kann, und bei einer solchen Schar von Blitzen wenigstens einen dazu bringt, in sie einzuschlagen. Ohnesorg ist darüber schmerzlich verwundert; er sagt, er tue nun so lange bei seinem Geschäft mit, aber bei den Blitzen lernt man eben nie aus. Er hat die Blitzableiteranlage fertig gemacht und ist in gedrückter Stimmung abgezogen.

Und seit dieser Zeit ist kein Blitz mehr hergegangen. Sie haben sich seither immer irgend etwas in der Umgebung des Hauses als Ziel ausgesucht – einmal einen Heuschober, einmal eine freistehende Buche, einmal einen Drahtzaun, den sie vollkommen vernichtet haben, und das letztemal eine Lärche, und das habe ich ihnen übel genommen, weil sie so jung und schlank gewesen ist und uns allen besonders ans Herz gewachsen. Vielleicht ist es doch so, daß die Blitze damals gesehen haben, wo der Kabelgraben, der ja offen gewesen ist, endet, und sich das gemerkt haben. Dann ist ihr Verhalten verständlich. Ihre Lebensbahn ist ohnehin so kurz, sie wollen sie nicht gerade in einer Odelgrube beschließen.

Der Dori geht zum Herrn

Am 4. April 1828 brachte die Mitterdirn eines großen Einödhofes am Unterlauf der Rott ein Knäblein zur Welt, unter einsamen Schmerzen und zum Mißvergnügen seines Erzeugers. Es erhielt in der Taufe den Namen Isidor, des Kalenderheiligen vom 4. April; denn damals war es Sitte, daß unehelich geborene Kindlein den Namen tragen mußten, der an ihrem Geburtstag im Kalender stand. Nun, mit Isidor konnte man zufrieden sein, dergleichen gab es häufig, und die Abkürzung Dori stand ein für allemal fest.

Der Dori durfte auf dem Hof aufwachsen, wo seine Mutter als fleißige Arbeiterin wohlgelitten war. Als er sechs Jahre alt war, wurde er in die Schule geschickt und von da ab auch zu Verrichtungen auf dem Hof verwendet, zu kleinen und bescheidenen zunächst, aber mit der Zeit wuchs das an. Mit zwölf Jahren verließ er die Schule, und da waren seine Kenntnisse in bäuerlicher Arbeit erheblich umfangreicher als sein gelehrtes Wissen. Am besten verstand er sich auf Pferde. Das verhalf ihm dazu, daß er, zwanzig Jahre alt, nach dem vorzeitigen Tod seiner Mutter, von einem Bauern, der einen ausgedehnten Pferdehandel betrieb, als Roßknecht in Dienst genommen wurde, was eine Beförderung bedeutete. Hier hatte er ausschließlich mit Rössern zu tun, die kamen und gingen, er konnte sich nicht erst an sie gewöhnen, er mußte sie auf den ersten Blick richtig einschätzen, wenn er mit ihnen auskommen wollte. Dieser Aufgabe war er gewachsen wie kaum ein anderer, und so hatte er den Platz gefunden, auf den er paßte. Er fühlte sich wohl, sein Herr behandelte ihn gut, soweit das bei einem Händler mit Pferden möglich ist, und die Verwundungen verschiedener Art, die bei seiner Arbeit unvermeidlich waren, überwand er immer rasch, weil er eine kernfeste Gesundheit besaß.

Einmal, im Frühjahr 1860, erschien unvermutet die Gelegenheit vor ihm, in ein kleines Anwesen einzuheiraten. Er benötigte einige Zeit, um sich an den verlockenden Gedanken zu gewöhnen, und schon war ihm ein anderer zuvorgekommen. Übrigens, Frauenzimmer stellten für ihn keine Versuchung dar. Die schwere Kinderarbeit hatte seinen Körper früh verhärtet, und die Phantasie seines Herzens erschöpfte sich bei den Pferden. Da er die Mädchen, mit denen er zusammentraf, überdies ohne Verliebtheit betrachtete und ohne Verlangen nach Versorgung, sah er verständlicherweise mehr Mängel als Vorzüge an ihnen.

Als er sechzig Jahre alt geworden war, starb sein Herr und hinterließ soviel Schulden, daß der Sohn den Pferdehandel aufgab und sich auf die Landwirtschaft beschränkte. Dori konnte aber in seinem Stübchen bleiben und bekam leichte Arbeit zugewiesen, denn seine Beine waren schwerfällig geworden, sein Rücken wollte sich nicht mehr gerade strecken und seine Arme hatten keine rechte Kraft mehr, er war mit einem Wort zusammengerackert. Dessen war er sich selbst wohl bewußt und fand es auch ganz in der Ordnung. Denn er war ein gar einfältiger Mann von langsamem Verstande – immer die Pferde ausgenommen –, von geduldigem Wesen, stillem Herzen und jener selbstverständlichen Sicherheit, die das völlige Aufgehen in die Gewohnheiten, in Brauch und Sitte der Umgebung verleiht.

Wie es auch sei: auf sein Leben konnte er mit Zufriedenheit zurückblicken, bei redlicher Arbeit hatte er sein Auskommen gehabt, Streit hatte er vermieden, niemandem war er etwas schuldig geblieben, wissentlich hatte er keinem ein Unrecht zugefügt, und bei allen, die ihn kannten, stand er in Geltung. So konnte er auch den Anspruch erheben, eines Tages in Ehren zu Grabe getragen zu werden; die äußeren Bedingungen dazu hatte er seit langem vorbereitet. Für die Leichenkosten und den Leichentrunk war ein ausreichender Betrag zusammengespart, das Totenhemd aus schwerem Bauernleinen war zurechtgelegt, und zwei Kerzenleuchter lagen in einem Kleiderkasten mit zwei großen Wachskerzen, die zu seinen Häupten brennen sollten, wenn die Nachbarn abends an der Bahre beten würden.

Indessen eilte es ihm mit dem Sterben noch nicht. Denn zutiefst in seinem Herzen brannte ein Wunsch, in Kindertagen hineingetragen, dessen Erfüllung er noch erleben wollte – aber dazu mußte er das siebzigste Lebensjahr erreicht haben. Und damit verhielt es sich so:

In der Pfarrkirche seines Dorfes hielten in der Christmette sieben Hirten vor der Krippe Wacht. Die Krippe stand auf einem Zimmermannsschragen im Mittelgang der anmutigen Barockkirche. Auf weißem Linnen lag das Christkind, eine große Puppe mit goldenen Flitterbändern gefatscht, unirdisch lieblich das rosige Köpfchen. Die Hirten, im engen Halbkreis davor, zum Hochaltar gewendet, waren nach alter Pilgerart gekleidet: ein langer Lodenmantel mit einem weiten, über die Schultern herabfallenden Kragen, ein Filzhut mit breiter, vorne aufgebogener, hinten herabgeschlagener Krempe, ein hoher, den Körper überragender Stab, das stellte ihre Ausrüstung dar; einfach gewiß, aber genügend fremdartig, um im Dunkel der mitternächtlichen Kirche frommen Schauer zu erwecken. Sie standen schon an ihrem Platz, wenn die Leute zur Mette kamen, und verharrten unbeweglich während des Gottesdienstes, nicht anders, als das göttliche Kind in der Krippe lag; das flackernde Licht der Kerzen ließ seltsame Schatten über ihre Gewänder huschen. Sie blieben an ihrem Platze, bis die Kirche sich wieder geleert hatte. Dann begaben sie sich in den Pfarrhof und erlabten sich, Gäste des Pfarrers, an Suppe und Mettenwürsten – und was waren das dazumal für köstliche Würste!

Die Hirten mußten nach altem Brauch über siebzig Jahre und unbescholten sein. In aller Regel wählte der Pfarrer einfache Menschen, Handwerksgesellen etwa und Knechte, dazu aus, und es fehlte damals nie an solchen. Sie rechneten sich diesen Dienst als Ehre an, er verlieh ihren alten Tagen eine zwar bescheidene, aber doch allgemein beachtete Würde; die Kinder pflegten ihnen auf der Straße die Hand zu geben wie dem Lehrer und dem geistlichen Herrn. Sie wurden im Dorf übrigens nicht Hirten, sondern Hüter genannt und behielten, einmal berufen, das Amt bis zu ihrem Lebensende.

Nichts Geringeres lag nun dem alten Dori im Sinn, als zum Hüter ernannt zu werden. Als Kind hatte er in der Christmette den Blick nie von den dunklen Gestalten an der Krippe zu wenden vermocht, die, so glaubte er, das Christkind aus himmlischen Fernen auf die Erde und in die Kirche begleitet hatten. Die Wirklichkeit vermochte sein Leben lang nicht, die Schauer dieses Eindruckes auszulöschen.

Als er älter wurde, sah er sich selbst einmal in Gedanken als Hüter an der Krippe stehen, betroffen sogleich von der Verwegenheit dieser Vorstellung. Aber er konnte sich nicht mehr von ihr befreien, und sie wuchs sich mit den Jahren zum brennenden Wunsch aus, als scheues Geheimnis gehütet.

Die Jahre gingen dahin, immer rascher wechselten die Jahreszeiten, und ehe er sich's versah, hatte er den Siebziger erreicht. Eine behutsame Erkundigung beim Pfarrer gab ihm Hoffnung auf Einreihung unter die Hirten. Aber vorerst war ihre Zahl voll, und es zeigte keiner von ihnen, lauter verwitterten, zähen, knorrigen alten Burschen, die geringste Neigung, auszuscheiden.

Das Warten fiel dem Dori jetzt auf einmal schwer. Er wünschte ganz gewiß keinem Vormann den Tod, aber schließlich war es doch nicht unbillig, bei einem Menschen hoch in den Siebzig damit zu rechnen, daß er sterben würde, und er selbst fühlte sich durchaus nicht mehr sicher auf den Beinen.

Der Gedanke, daß er unmittelbar vor dem Ziel abgerufen werden könnte, machte ihm das Herz bitter schwer. Aber, siehe da, er hatte Glück. Anfang Oktober des Jahres 1899 warf den jüngsten Hüter, den vierundsiebzigjährigen Chrysant Moser, ehemaligen Schmiedgesellen, ein Schlaganfall nieder, am 2. Dezember schied er aus dem Leben. An seiner Stelle wurde der Dori als Hirte bestimmt, in Gegenwart des Pfarrers probierte er sogleich die freigewordene Gewandung an, die ihm vortrefflich paßte, so daß nichts weiter zu richten war.

Von dieser Stunde an ging der gute Dori wie im Traum umher, sein altes Kinderherz zitterte vor Glück, sein armes Stübchen konnte den Glanz kaum fassen, mit dem es seine voll erblühte Freude Tag und Nacht erfüllte. Alle Leute im Dorf schienen ihm verwandelt, wie er selbst es war. An der Grube, wo die Kinder unermüdlich mit kleinen Schlitten in die Tiefe rutschten, stand er stundenlang, mit seligen Augen, gesprächig wie nie im Leben. Zur Mittagszeit fand er sich in der Kirche ein, sicher, niemand anzutreffen, und stellte sich auf den Platz, den der verblichene Chrysant vor der Krippe innegehabt hatte. Er sah die Krippe vor sich, hörte, wie die Kirchenleute durch die Türe in das Dunkel hereinstapften und die Betbänke füllten, sah die Kerzen aufflackern, die großen auf dem Hochaltar und die kleinen der Wachsstöcke auf den Pulten der Bänke, vernahm das Brausen des feierlichen Gottesdienstes, sog den Duft ein des schwelenden Weihrauches und stand unbeweglich vor dem Christkind, sein demütiger Begleiter auf der Reise aus himmlischen Fernen zur winterlichen Erde. Jeden Mittag genoß er dieses Glück.

Am 13. Dezember erkrankte er an Gesichtsrose, am 24. wurde er begraben, im Hirtengewand, wie er es vom Pfarrer in seiner letzten Stunde erbeten hatte.

Die Frau Bas

Der Sommer 1888 brachte in unser Leben, mit dem wir – meine Schwester und ich – uns eben Schritt für Schritt bekannt machten, viel Aufregung durch den Besuch der Frau Base aus der Stadt München.

Wir lebten auf einem Dorf. Der Begriff der Stadt war uns nur vom Hörensagen bekannt, in Verbindung mit Passau. Das lag jenseits des Waldes, und den sahen wir von unserem Hügel aus, seit wir mit den Augen Verbindung zur Welt aufgenommen hatten. Allwöchentlich zweimal brachte die Bötin, die neben uns im Hause des Totengräbers wohnte, von dorther mit einem bescheidenen Fuhrwerk Waren aller Art, und täglich einmal, gegen Abend im Winter und am Nachmittag im Sommer, kam die Post aus Passau gefahren; wir hörten den Postillion blasen, sobald er den Waldrand erreicht hatte.

Die Bötin, schon bei Jahren und müde, eine Wittfrau überdies, war keine ergiebige Quelle für unsere Fragen, um so mehr erzählte uns Wastl, der Postillion, wenn wir ihm zusahen, wie er seine zwei Braunen im Stall des Postwirtes tränkte, abschirrte und fütterte, ehe er die Postkutsche in die Remise schob – wir durften dabei auf dem Bock sitzen – und sich dann in die Küche begab, um in der Ecke beim Fenster, an einem breiten Tisch mit heller Ahornplatte, das Abendessen, das schon auf ihn wartete, zu sich zu nehmen. Resi, die Köchin, schätzte ihn sehr; sie hatte eine etwas übertriebene Vorstellung von den Mühsalen seiner Tätigkeit. Er war aber ein junges Mannsbild in der vollen Kraft, das Postfahren freute ihn, und frischer konnte man nicht sein, als er täglich von Passau zurückkehrte. Immer unverdrossen, gab er uns bereitwillig Auskunft über die Stadt, die ihm vertraut war, die ihn aber nicht lockte.

Seine Schilderungen waren anschaulich. Sie beschränkten sich auf das, was ihm selbst Eindruck machte. Auf den Gasthof zur Eisenbahn von Dorner, wo er einstellte, auf den Bahnhoftunnel, aus dem die österreichischen Züge unvermutet auftauchten. Auf den Würstelmann, der vor dem Bahnhof einen Stand hatte, mit einem großen Kessel über immerwährendem Kohlenfeuer, und der den Reisenden und überhaupt jedermann heiße Wiener anbot, mit Salzstangen und Bretzen, die er in einem Korb neben sich stehen hatte – eine Schilderung, bei der uns das Wasser im Munde zusammenlief. Auf die schweren Eisenketten vor dem Domportal, die von den Firmlingen durchgebissen werden müßten, ehe sie den Dom betreten durften, um gefirmt zu werden. (Unsere verzagten Augen veranlaßten den Wastl, uns tröstend zu versichern, so schlimm sei das nicht, wir hätten noch Zeit genug, bis wir gefirmt würden, er hätte die Ketten auch zerbeißen müssen, man glaube nicht, was die Zähne alles leisteten.) Auf die Domglocken, deren jede einzelne von drei kräftigen Männern geläutet würde, so groß und schwer wären sie, ihr Geläute könnte man bis weit in den Neuburgerwald hinein hören. – Und vor allem auf den Donauhafen mit den großen Schiffen, deren hohe Kamine sich bei der Durchfahrt unter dem Kettensteg von selbst umlegten, den gewaltigen Schleppern, auf denen die fremden Schiffsleute vom Schwarzen Meer, die kein Mensch verstehen kann, in richtigen Häusern wohnten.

Auf diese Weise erfuhren wir, wie es in der Stadt aussieht, wobei wir niemals auf den Gedanken kamen, es gäbe außer Passau sonst noch eine Stadt.

Als nun plötzlich mit der Ankündigung vom Besuch der Frau Base noch eine Stadt auftauchte, wollten wir zunächst gar nicht an sie glauben; Mißtrauen erfüllte unsere kleinen Herzen. Wir wandten uns deshalb mit vorsichtigen Fragen an den Wastl. Da uns dieser ohne Besinnen die Existenz der Stadt München bestätigte, holten wir nähere Beschreibungen von ihm ein. Demnach lag München unvorstellbar weit von uns weg. Von allen Seiten gingen Fahrstraßen hinein und hinaus. So viele Kirchen standen da, daß den ganzen Tag Glockengeläute zu hören war. Auf einer Wiese mitten in der Stadt fand im Herbst, wenn eingeerntet ist, ein Volksfest statt, noch wesentlich größer als die Passauer Maidult. Wer zu Fuß um München herumgehen wollte, war vom Morgen bis zum Abend unterwegs. Von Militär wimmelte es, der Girgl vom Hanshuber im Grund und der Machl Sepp machten dort gerade ihre Dienstzeit. Der bayrische König lebte in München.

Das konnte uns keinen besonderen Eindruck machen. Und über die Base vermochte uns der Wastl nichts zu erzählen – wird halt ein Badegast sein, sagte er.

Unser Heimatdorf Höhenstadt nämlich war dazumal ein viel besuchtes Schwefel- und Moorbad. Die Gebäulichkeiten bestanden aus einem langgestreckten Kurhaus mit Baderäumen, Speisesälen und Fremdenzimmern an der Straßenfront, aus Stallungen, Remisen und Wirtschaftsräumen dahinter, vom Haupthaus getrennt durch einen grünen, von einem allzeit munteren Bächlein durchflossenen Hof, aus einer Villa an der andern Straßenseite und schließlich einem Bierkeller. Die Villa lag, nur mit dem Dachgeschoß sichtbar, hinter einer hohen, lebenden Hecke, inmitten eines dicht bestandenen Obstgartens, in dem eine überlebensgroße schwarz-weiße Dogge lautlos herumgeisterte, die Bewohner vor Ungemach zu schützen.

Der Bierkeller zog sich die Höhe hinauf, von der die Straße aus Passau herunterkam. Unter alten Kastanienbäumen befanden sich Tische und Bänke auf tief in den Boden getriebenen Pfosten. Steinerne Treppen führten zu einer Terrasse und einem Kellerhaus empor, das eine geräumige Wirtsstube enthielt, und zu einer überdachten offenen Kegelbahn. Am Fuße dieser Kelleranlage sprudelte eine klüglich gefaßte Quelle ihr heilkräftiges Wasser in ein granitnes, auf einer mäßig hohen, kreisrunden Mauer sitzendes Becken; dort füllten die Badegäste im Vorbeigehen ihre mitgebrachten Becher, die sie dann schluckweise im gemächlichen Weiterschreiten austranken, dort ließ sich aber auch jedermann, der des Weges vorbeikam und Lust oder Durst hatte, durch die hohle Hand das nasse Heil in den schlürfenden Mund rinnen.

Das Dorf schaute von der Höhe mit sichtlichem Stolz auf die Badeanlage herab. Es steuerte zu der Herrlichkeit nichts weiter bei als das Bild ausgeglichener Einfachheit und Behäbigkeit.

Vom Frühjahr bis in den Herbst hinein fanden sich die Badegäste ein – Gichtbrüchige zumeist, Rheumatiker, Podagristen, Ischiasleidende, ältere Leute auch, die keine bestimmte Krankheit aufwiesen, aber müde waren und verbraucht. Sie fühlten sich in solcher Umgebung behaglich; denn sie stammten fast ausschließlich aus der ländlichen Bevölkerung: Geistliche, Schullehrer, Expeditoren der Bahn und Post, Sekretäre, Privatiers, Gastwirte, Handwerksmeister, Bauern. Frauen erschienen auch, sie waren in der Minderzahl, Ehepaare gehörten zu den Seltenheiten. Die Badegäste wechselten während der Badesaison, die anfangs Juni begann, mehrmals.

Es war unser Ehrgeiz, stets einen zuverlässigen Überblick über den Zuwachs an fremden Menschen und über deren Leben und Treiben zu haben. Zu diesem Zweck bezogen wir nachmittags einen Beobachtungsposten auf dem Mäuerlein des steinernen Brunnens im Bierkeller, wo wir die Straßenkreuzung und die Front des Badehauses vor uns hatten. Auf der schmalen Steinterrasse vor dem Speisesaal, unmittelbar an der Talstraße, erschienen die Badegäste regelmäßig zur Nachmittagsjause. Sie saßen in Korbstühlen neben kleinen, der Länge nach aneinandergereihten Tischen. Die Männer lasen Zeitungen, spielten Karten oder führten sichtlich bedeutsame Gespräche, die Frauen strickten, lebhaft plaudernd und mit geübten Blicken die Straße und die ganze Umgebung im Auge behaltend; einige hatten ein Buch zur Hand. Vor allen standen

Getränke auf den Tischen: Kaffee, Tee, funkelnde Limonaden, duftendes Schwefelwasser, daneben herrliches Gebäck, wie wir es sonst nie zu Gesicht bekamen, Schnecken und Hörndl, Obstkuchen und Torten, Krapfen und Strauben und Teller mit schneeweißem, dickem Schlagrahm. Erstaunlicherweise wurden diese Dinge nie ganz aufgegessen, von den Resten wären wir noch übersatt geworden, aber wir hatten keine Möglichkeit, zu ihnen zu gelangen.

Die Jause dauerte nie sehr lange. Da und dort bröckelte die Reihe ab, nur wenige blieben zum Schlusse zurück, Buchleser oder Frauen. Die andern verschwanden gemächlichen Schrittes in dem angrenzenden Auengelände, Park genannt, in dem ein starker Schwefelgeruch herrschte, oder auf der Straße im Talgrund oder dem Sträßlein hinauf zum Dorf, hier und dort untertauchend in den Getreidefeldern, und einige fanden sich wieder im Schatten des Bierkellers, um wider die badeärztliche Anordnung Bier zu trinken. Sie saßen da zusammen mit Gästen, wie sie ein Sommernachmittag zu bringen pflegte: Fuhrleute, deren Gäule im Schatten rasteten, Viehhändler, die sich in beschwerlichen Geschäften die Kehle trocken geredet hatten, Fußwanderer wohl auch, die irgendwohin aus Lust am Wandern unterwegs waren. Zuweilen, wenn es regnete und niemand auf den Feldern arbeitete, konnte man den rollenden Donner der Kegelkugeln hören, Badegäste waren dabei aber nur als Zuschauer beteiligt.

Nach einiger Zeit sah man die Badegäste von allen Seiten wieder auf das Badehaus zu wandeln, bald darauf hörte man den rüttelnden Klang vom leichten Kutschwagen des Badearztes, der aus Fürstenzell heranfuhr, und nach ihm kamen die Töne von Wastls Posthorn aus dem Wald von der Höhe, und jetzt war es für uns höchste Zeit, wieder einmal zu Hause zu erscheinen. Auf bloßen Sohlen sausten wir wie aufgescheuchte Hasen die Höhe hinauf, verschnauften, traten bescheiden vor die Mutter in der Küche, nahmen unser Abendessen: ein

Stück weißes Hausbrot und einen Weidling Milch entgegen, waren schnell damit fertig und liefen – wenn die Mutter gut aufgelegt war, erlaubte sie es – zum Wastl hinauf in den Poststall.

Von ihm erfuhren wir es zuerst, daß die Frau Base angekommen war. Er hatte sie von Passau mitgebracht und im Badhause abgesetzt. Nicht leicht, sagte er, daß so was Nobles nach Höhenstadt fährt – er hatte ein seltenes Trinkgeld bekommen.

Am nächsten Tag erschien sie bei uns. Wir waren schon des Morgens gekleidet worden wie an Sonntagen und hatten bis zu ihrer Ankunft beklommen den Atem angehalten. Von allen Seiten hatte man uns bedroht, sicher, daß wir außerstande wären, uns gesittet zu benehmen. Indessen machten wir alle Befürchtungen zuschanden: wir erstarrten beim Eintritt der mächtigen Frau, rührten uns nicht mehr vom Fleck und beantworteten an uns gerichtete Fragen mit stummen, angstvollen Blicken. Wir wurden deshalb bald ins Freie entlassen, vorher aber erhielten wir Geschenke ausgehändigt: die Schwester eine glanzvolle Puppe von der Größe des Christkindes, das zur Weihnachtszeit in einer goldenen Krippe auf dem Hochaltar zur Verehrung aufgestellt war, und ich einen mächtigen Kasten voll Bleisoldaten. Wir waren uns sofort im klaren, daß wir mit diesen Dingen nie würden spielen können, und täuschten uns darin nicht. Zunächst einmal wurden sie von den Eltern in Verwahrung genommen, damit sie nicht zertrümmert würden. Nach den vorliegenden Erfahrungen war diese Maßnahme richtig. Sie traf uns im übrigen nicht schwer, diese Art von Puppe und die unbekannten Bleisoldaten lockten uns nicht.

Die Frau Base, eine bürgerliche Dame im Alter zwischen sechzig und siebzig, war die Gattin eines Onkels meiner Mutter, der als junger Handwerker, aus Niederbayern gebürtig, auf der Wanderschaft nach München gekommen war, dort die einzige Tochter seines Meisters, eben die Frau Base, geheiratet und mit ihr ein blühendes Geschäft aufgebaut hatte, dergestalt, daß sie in die Reihe der besten Münchner Bürgerfamilien aufgerückt waren. Es gibt Männer, die über ihrer Arbeit alles vergessen; der Herr Vetter – Vetter war der Sammelname für alle männlichen Verwandten ohne Unterschied der Gradnähe – gehörte zu ihnen. Da er äußerst geschickt war in seiner beruflichen Hantierung und mit seltener Sicherheit alle technischen Neuerungen, deren ihm keine entging, nach ihrer Brauchbarkeit zu unterscheiden wußte, außerdem zuverlässig jede Zusage einhielt, die er einmal gegeben hatte, und Redlichkeit sich für ihn von selbst verstand, brauchte er nur noch eine tüchtige Frau und etwas Glück, und dann konnte es ihm dazumal nicht fehlen.

Beides hatte er. Die Frau verstand seine Leistungen zur Geltung zu bringen und geschäftlich auszuwerten; sie repräsentierte im besten Sinne des Wortes, sie führte notwendige Verhandlungen und sorgte für die gesellschaftliche Anerkennung, um die er selbst sich ganz gewiß nie bekümmert hätte. Denn der Schwung, der ihn bei der Arbeit auszeichnete und zu einem tatenfrohen, zuweilen leidenschaftlichen Manne machte, hörte mit der Arbeit auf. Dann wollte er Ruhe um sich haben, Gemütlichkeit und Freunde von der einfachen Art seiner Herkunft. Die Frau hielt dieses Bedürfnis in Grenzen und führte ihn in die Geselligkeit der gehobenen Bürgerkreise. Sie ihrerseits fühlte sich dort wohl. Sie war klug und belesen, ihre stattliche, ebenmäßige Körperlichkeit wurde angeführt von sprechenden Gesichtszügen und ausdrucksvollen Augen, sie besaß die Gabe, unter den wichtigsten Umständen eine angenehme Unterhaltung in Gang zu bringen und zu beherrschen, sie konnte lustig sein und von Herzen lachen, und sie wußte sich mit erlesenem Geschmack zu kleiden. So war sie bei den Männern – ernsthaften, gestandenen, wohlhabenden natürlich, sie wählte ihren Verkehr sehr sorgfältig aus – außerordentlich beliebt und den Frauen ein Vorbild.

Bleibt noch zu erwähnen, daß sie gottesfürchtig war nach der Sitte jener Zeit, ihre Kinder straff erzog und in Wohltaten eine offene Hand bewies, wenn sie darin auch nicht so ausschweifte wie der Herr Vetter, falls er dazu einmal Gelegenheit hatte.

Als sie in Höhenstadt erschien, war sie sozusagen schon im Ruhestand; sie hatte sich und ihren Mann rechtzeitig, auf der Höhe des Gewinnens, vom Spieltisch des Geschäftslebens zurückgezogen. Ihre äußere Erscheinung, noch immer von stattlicher Körperlichkeit und verhaltener Frische – nur ihr Gehör hatte nachgelassen – zeigte ausgesprochene Würde und respektheischenden Ernst. Vertraulichkeit, das spürte man sofort, wünschte sie nicht, ihr genügte der Umgang mit sich selbst durchaus. Frauen von solcher Art, besonders wenn sie die gesellschaftlichen Formen beherrschen und geübt sind, einem großen Hause vorzustehen, laufen Gefahr, den Blick für den Wert einfacher Menschen, die ihnen gegenübertreten, zu verlieren, und das ist zuweilen bedauerlich. Denn so wird die Kraft ihrer trefflichen Herzen, die erst im Glanz der Bescheidenheit sich voll entfalten kann, gehemmt und verdunkelt.

Ob die Frau Base dieser Gefahr entgangen ist, weiß ich nicht, es ist ihr aber zu wünschen. Sicher ist, daß sie unter den Gästen des Schwefel- und Moorbades Höhenstadt, das sie wegen seiner von ihrem Arzt gerühmten heilsamen Abgeschiedenheit aufgesucht hatte, vom ersten Augenblick ihres Auftretens an die Stellung einer absoluten Herrscherin einnahm und während ihres ganzen Aufenthaltes voll ausfüllte. Sie wurde neidlos bewundert. Jedermann stand zu ihren Diensten; ohne daß sie davon Gebrauch machte, hielt sie alle in dieser Bereitwilligkeit fest. Von ihr angesprochen zu werden, war eine Auszeichnung, in ihrer Nähe Lärm zu machen, eine Roheit, – ein pensionierter Schullehrer aus dem Bayerischen Wald, der seine rheumatischen Schmerzen immer im Bierkeller niederrang, neigte sehr zu lautem Wesen und mußte zu seiner Zerknirschung des öfteren unwirsche Abmahnungen über sich ergehen lassen.

Sie ging stets dunkel gekleidet, ein goldenes Kreuz, das in der Grabeskirche zu Jersusalem geweiht war, glänzte auf ihrer Brust, und einige wenige, aber große Brillanten sprühten von ihren Fingern Feuer.

Bei uns sprach sie häufig ein, was unser öffentliches Ansehen ungemein steigerte. Wir Kinder genossen das eigentlich unverdient, denn wir ließen uns bei ihren Besuchen nicht sehen. Übrigens war auch der Vater sehr oft durch dringende Ferienarbeiten aufgehalten, ihr Gesellschaft zu leisten. Das oblag also meiner Mutter, und die beiden Frauen verstanden sich gut. Sie saßen meist im Obstgarten über der Munzingerflur, von der ihn eine Hecke von Haselnußbüschen trennte, auf einer bequemen Bank vor einem kleinen Tisch; der Vater hatte sie unter einem alten Apfelbaum für die Frauen aufgestellt. Die Mutter strickte oder flickte oder zog Bohnen ab oder tat sonst etwas dergleichen und hörte dabei aufmerksam der Frau Base zu, die, mit den Händen im Schoß, redete und erzählte und dabei in die Landschaft hinaussah.

Sie kam immer von der Kirche aus zu uns.

Jeden Nachmittag bei gutem Wetter nämlich, nach der kurzen Jause, wandelte sie den Fußweg herauf ins Dorf. Dieser Fußweg ging über schwarze Moorerde, er federte unter jedem Schritt; man merkte ihm an, daß er mit den Füßen, die ihn betraten, freundlich spielte, es war eine Lust, auf ihm einherzugehen, besonders barfuß. Laufen freilich vertrug er schlecht – wenn man es eilig hatte, bediente man sich besser der Straße. Er zog sich über die Feldflur zum Dorfrand hinan, dort mündete er in die Straße ein. Eine kleine Strecke, dann bog rechts ein schmaler Zugang zu der Steintreppe ab, die zum Friedhof und zur Kirche emporführte.

In der Kirche pflegte die Frau Base – des Nachmittags stets die einzige Beterin – ihre Andacht zu verrichten. Sie setzte sich dazu in eine der schmalen Bänke, die einen Bestandteil des sogenannten Kirchenstuhls bildete. Dieser setzte sich aus drei Teilen zusammen: dem Betpult, dem Schemel und der Sitzbank, und bot jeweils etwa zwanzig Andächtigen gleichzeitig Platz, so breit war er.

Die Betpulte reichten einem stehenden Mann bis zur Mitte des Leibes, wer auf dem lose darunter stehenden Schemel kniete, konnte vorgebeugt die Arme darauf stützen. Die Sitzbank stand dahinter, der Zwischenraum war außerordentlich eng, es war möglich, sitzend den Eindruck des Kniens zu erwecken. Im ganzen war der Kirchenstuhl eine unbequeme Einrichtung, geeignet, der Neigung werktagsmüder Bauern, im Weihrauch und Orgelklang des sonntäglichen Gottesdienstes einzuschlummern, wirksam zu begegnen.

In der Kirche, einem hohen, festlichen Raum, der durch bunte Fenster gedämpftes Licht empfing, traf man im übrigen zu jeder Stunde eine große Schar heiliger Personen an, in stiller unbewegter Feierlichkeit und Gelassenheit. So standen auf einem Flügel des Hochaltars in Holz geschnitzt sämtliche Mitglieder der Familie der Mutter Anna, und das waren siebzehn an der Zahl, dicht aneinandergedrängt, auf einem Relief vereinigt, aber Eltern und Kinder in richtigen Abständen. Wer immer sie betrachtete, mußte ergriffen sein über die Einigkeit und den Frieden dieser vielen Verwandten, die sich doch deutlich unterschieden in ihren Charakteren und Temperamenten, freundlich und zärtlich die einen, streng oder traurig andere, fromm und ernst freilich alle.

In einer offenen Seitenkapelle thronte erhaben in einer Altarbucht die schöne Maria im Turme, mit zarten Füßen schwebend auf der Mondsichel, umgeben von einer fröhlichen Wolke von Engelkindern, ein altes Gnadenbild, das vergangenen Wallfahrergeschlechtern viel Trost gespendet hatte. Auf dem gleichen Altar, in einem Glasschrein, schmiegte die Pieta ihre Wange an das Antlitz des toten Sohnes, dessen Oberkörper sie mit dem rechten Knie stützte, eine wahrhaft rührende Gestalt. An anderer Stelle lächelte eine behäbige Anna Selbdritt in den Kirchenraum, auf der Brüstung der Empore ruhten verwegen auf schmalem Band zwei Bischöfe: Egydius, der Beschützer der Jägersleut, der liegenden Hirschkuh zur Seite, und Blasius, die Zuflucht der Halskranken, gekreuzte Kerzen in den Händen. Noch viele andere Heilige hielten sich in der Kirche auf, ganz zu schweigen von profanen Gestalten, die in marmornen Gedenktafeln allmählich verwitterten. Im Giebelfeld aber über dem Chorbogen, in ragender Höhe, wachte eine Kreuzigungsgruppe.

Die Frau Base mochte sich in dieser heiligen Gesellschaft wohlfühlen, mit der sie, ganz im Gegensatz zu München, allein zusammenkommen konnte. Jeder dieser Heiligen stand ihr, so oft sie nachmittags die Kirche aufsuchte, zur Verehrung und zur Zwiesprache zur Verfügung, ohne daß er von andern Frommen abgelenkt worden wäre. Für eine Frau ihrer Art, ihres Alters und ihrer geistlichen Bedürfnisse konnte es eine vollkommenere Erfüllung standesgemäßer Frömmigkeit nicht geben als diese Verbindung von Stille und Beschaulichkeit mit der Sicherheit, die Aufmerksamkeit jeder heiligen Person zu genießen, an die man sich gerade wenden wollte.

Für uns Kinder war diese Kirche die Quelle stärkster Eindrücke, nicht nur um des Raumes willen, der jedes uns sonst bekannte Maß überstieg, sondern auch wegen ihrer Ausstattung und der festlichen Vorgänge, die sich darin abspielten. Indessen beschränkte sich unsere Ehrfurcht auf die von Gläubigen gefüllte Kirche; wenn sie leer stand, empfanden wir keinerlei Hemmung, in ihr herumzugehen, uns in beliebige Bänke zu setzen oder auf die Orgel zu klettern. Und eines Tages entdeckten wir, daß sie sich an Sommernachmittagen ob ihrer Verlassenheit und Stille, ihrer Kühle und Weiträumigkeit vortrefflich fürs Versteckenspielen eignete – und gaben uns dann, so oft uns die Lust anwandelte, diesem prächtigen Zeitvertreib hin. Das Spiel fand unter den Kirchenstühlen statt, wo wir, meist zu vieren, herumkrochen, drei um sich zu verstecken, einer um diese zu suchen. Das erforderte viel Gewandtheit, weil wir uns ebenso schnell wie lautlos fortbewegen mußten, flach auf den Boden gedrückt, bei beschränkter Sicht. Die Kleidung konnten wir dabei nicht schonen, ebensowenig Haut und Knochen.

An einem Nachmittag nun im August fuhren die Bauern in Gadham den letzten Weizen, der Nachbar Huber den ersten Haber ein. Auf den Feldern wimmelte es von geschäftigen Menschen und Gespannen. Voll Eifer und Wichtigkeit gingen wir ab und zu, standen dabei, wenn die Garben aufgeladen wurden, turmhoch auf die breiten Wagen, trabten nebenher, wenn die Rösser sich stampfend ins Geschirr warfen, um die schweren Fuhren aus dem Ackergrund zu reißen auf den Weg, wo sie dann, nach kurzer Atempause, mit spielerischer Kraft selbstbewußt und pflichteifrig munter vorangingen, bis sie die Tenne erreichten, in deren Dunkel sie mit Schwung und Krach einbrachen. Ausgespannt, aber geschirrt, durften sie am Brunnentrog sich nach Herzenslust tränken, während der Erntewagen abgeleert wurde. War der Durst gelöscht, der gewaltige, schüttelten sie die Köpfe, daß ihnen das Wasser vom Maul sprühte, zum Zeichen, daß es wieder weitergehen könne, sie für ihr Teil seien bereit. Und es ging weiter, der leere Wagen wurde herangeschoben, die Zugseile auf die Waagscheiteln gezogen, zwei Knechte sprangen über die Leitern auf die Brücke, wir kletterten hinterdrein, und in lustigem Trab fuhren wir selbander aufs Feld, das Wagengestell schütterte und klapperte und wir damit.

Wir erachteten es als unsere Pflicht, auch beim Resch in Munzing, auf der andern Seite des Dorfes, und beim Hanshuber im Grund, jenseits des Hügels, nach dem Rechten zu sehen. Wir konnten zufrieden sein. Überall der Bauer auf dem Feld inmitten seiner Knechte und Mägde, überall schwingende

Garben auf Gabeln, hochgereckt wie Fahnenstangen, überall ziehende Erntewagen, schwankend in überquellendem, goldenem Segen, und darüber ein blauer Himmel gespannt, besteckt mit weißen Wolken. Die Sonne brannte mit voller Kraft. Die Hitze und die blendende Helligkeit brachten uns auf den Gedanken, daß wir zwischenhinein in der Kirche Verstecken spielen könnten. Wir brausten los, keuchend und schwer nach vorne geneigt, als ob wir eine Fuhre wegzuziehen hätten, liefen dann gemächlich auf der Straße und bogen beim Postwirt zum Friedhof ab, wo wir auszählten, wer die andern zu suchen hätte. Es traf mich. Während die andern sofort in die Kirche verschwanden, mußte ich eine Weile untätig warten. Soweit ich sehen konnte, lebte die Flur in emsiger Arbeit, die Stimmen der Menschen drangen zu mir, und jeder Laut gehörte zur Arbeit, in den Scheunen donnerten die Hufe der Pferde.

Das Gemäuer der Kirche, die granitnen Grabsteine blendeten mich, und ich war froh, daß mich die Pflicht nun in das Innere der Kirche rief. Kühle, freundliche Abgeschiedenheit empfing mich dort und wunderbare Stille. Zu sehen war zunächst nichts als goldene und tiefblaue Kreise, die langsam durcheinander wogten. Sie wurden blasser, eine Säule löste sich heraus, ein Altar, ein buntes Fenster; allmählich konnte ich mich zurechtfinden in der hellen Dämmerung. An einer Stelle, zwischen zwei Säulen, streckte sich ein Strahl Sonne quer durch die Kirche. Er kam durch ein westliches Fenster herein.

Ich drückte mich in eine Nische, damit ich nicht gesehen werden konnte, legte mich noch dort auf den Boden und kroch so leise wie möglich in die Bankreihen. Von den dreien, die ich zu suchen hatte, spürte ich nichts. Kreuz und quer schob ich mich, verhielt, horchte und rutschte weiter.

Auf einmal erblickte ich dicht vor mir ein Stückchen Gewand – das konnte nur von einem der beiden Dirndl sein –, mit einem Ruck war ich dort und faßte triumphierend zu –

gleichzeitig ertönte ein wilder Schrei, ein Schuhabsatz fuhr mir an den Kopf, ein heftiges Gerumpel folgte. Erschreckt wollte ich zuerst in die Höhe und ans Licht, stieß aber mit dem Schädel und den Schultern schmerzhaft an Bänke und Betschemel. Dieser harte Widerstand ließ mir Zeit zu überlegen, daß es gescheiter wäre, mich nicht sehen zu lassen. Ich kroch also mühsam rückwärts, drehte mich dann vorsichtig um, verließ im Seitengang die Bänke und huschte hinter eine Säule. Von dort suchte ich zu entdecken, was Schreckliches sich begeben hatte – und alsbald erblickte ich die Frau Base, die aus gebückter Stellung in einer Betbank auftauchte; offenbar hatte sie nachgesehen, woher der Angriff gekommen war. Sie richtete sich in die Höhe, blickte suchend nach allen Seiten, trat dann auf den Mittelgang heraus und wandte sich, nach einer ehrerbietigen Verbeugung gegen den Altar, der mir gegenüberliegenden Kirchentüre zu.

Es war ganz still, ich hörte nur das Klopfen meines Herzens und vom Steinpflaster widerhallende Schritte. Als sie in den Sonnenstrahl hineinging, sah ich – und sah leider auch sie – auf einen kurzen Augenblick meine drei Spielgefährten zusammengedrängt beim Beichtstuhl eines Seitenaltars, an dem der goldene Lichtpfeil endete. Sie blieb stehen – ich sah sie von rückwärts –, heftete ihren Blick auf die plastische Gruppe, die nicht das geringste Anzeichen von Leben gab, und verließ die Kirche, nun wieder ganz sie selbst.

Wir brachen unser Spiel ab und berieten in gedrückter Stimmung, wie wir dem Unheil, das uns bevorstand, entgehen könnten. Es fiel uns aber nichts ein. Wir rannten in den Poststall, und dort fühlten wir uns geborgen, obwohl weder der Wastl noch seine Gäule zugegen waren. Wir konnten sie auch nicht abwarten, wir mußten nach Hause, die Zeit war um. Schweigend trennten wir uns, meine Schwester und ich schlichen verzagt in unsern Obstgarten.

Das Strafgericht lief nach den unerbittlichen Regeln ab, die uns wohl bekannt waren und die für die Kindererziehung jener Zeit allgemein Geltung hatten. Zur Feststellung des Tatbestandes wurden wir nicht herangezogen. Die Frau Base hatte berichtet, wir hätten sie in der Kirche hinterlistig überfallen, um sie zu erschrecken, ein Unterfangen, das an sich auf gefährliche Verwilderung schließen ließ, das aber durch den geweihten Ort, an dem es ausgeführt wurde, zur gräßlichen Roheit wurde. Die Eltern wußten es zwar besser, sie vermuteten eine kindliche Ungehörigkeit – das erfuhren wir erst nach vielen Jahren –, aber sie befragten uns nicht, sondern behandelten uns so, daß die Frau Base zufrieden sein konnte. Auf mich wirkte das besonders eindrucksvoll, weil ich noch an den Folgen einer Verwundung litt, die ich mir im Frühjahr zugezogen hatte.

In den Jahreszeiten herrschte dazumal eine richtige Ordnung, sie trafen zu den ihnen gesetzten Kalendertagen ein und brachten das Wetter mit, das ihnen zugehörte. Der Frühling begann Ende März; war es am Anfang auch noch frisch, so lachte doch die Sonne mit hellem Licht hernieder, und die Kätzchen an den Weiden und Haselnußsträuchen wiegten sich leise im Winde, und die ersten Anemonen nickten dazu. Die Ackerfurchen wurden dunkel und die Wiesen grün. Die Wärme nahm stetig zu, und bald kam der ersehnte Tag, an dem wir zum erstenmal die Erde mit bloßen Füßen betreten durften – die glücklichste Stunde des ganzen Jahres.

Quer zu unserem Wohnhaus stand der Holzschuppen. An seiner Südwand hatte aufgestapeltes Brennholz, Meterscheiter, überwintert – jetzt in der Sonne begann es zu duften. Nichts konnte beglückender sein, als sich dort niederzulassen, die Bienen zu betrachten, wie sie an den Weiden ab- und zuflogen, nach den Wäldern zu schauen, die hinter Munzing in die Höhe zogen und sich in der Ferne verloren, und dabei den Wohlgeruch des Holzes einzuatmen.

Im Holzschuppen hatte ein Igel den Winter verbracht, auch

ihn lockte der Frühling ins Freie, am Scheiterstoß suchte er sich einen Platz aus, die Wärme zu genießen. Unbewegt sonnte er sich dort, und so sah ich ihn nicht, als ich mich an der gleichen Stelle vergnügt und eilig zu Boden fallen ließ. Ich setzte mich mit Wucht auf den Igel, dessen Stacheln mir schmerzhaft ins Fleisch drangen. Das dünne Höschen konnte mich nicht schützen.

Ich verschwieg die Begebenheit; aus meinen Erfahrungen heraus wußte ich, daß zusätzliche erzieherische Maßnahmen zu erwarten waren, um zu verhindern, daß ich mich jemals wieder auf einen Igel setzen würde. Indessen, die mißhandelte Stelle entzündete sich, die ungewohnt zaghafte und vorsichtige Art, in der ich mich bei Tisch auf den Stuhl niederließ, fiel auf; es nützte nichts, daß ich gleichgültig tat – ich wurde untersucht, mit brennenden Salben behandelt und verwarnt; die Strafe wurde mir im Interesse der eingeleiteten Heilung erlassen. Diese ging aber langsam vor sich, die verwendete Salbe brauchte sich auf, ich gewöhnte mich an den leicht gereizten Zustand meiner Sitzfläche, die Wundbehandlung schlief ein, und die Angelegenheit wäre wohl ganz in Vergessenheit geraten, wenn mich nicht jetzt die Vollstreckung der wegen Kirchenfrevels verhängten Strafe auf das bitterste daran erinnert hätte. Ich brüllte gleich zu Beginn aus Leibeskräften, stärker, als die Erzieher gewohntermaßen erwartet hatten, und erreichte, daß sie sich auf die Verletzung besannen und Milde walten ließen.

Die Frau Base ergänzte die über uns verhängte Strafe nach ihrem Vermögen. Sie erklärte, wir seien der von ihr mitgebrachten Geschenke unwürdig, sie nehme sie zurück. Das freilich bereitete meiner Schwester und mir keinen Schmerz, unsere Herzen hingen nicht an Puppe und Bleisoldaten. Auch der Vater zeigte sich gleichgültig, nur die Mutter war tief beschämt, als sie die Spielsachen, noch unberührt verpackt, herbeiholte.

Daraufhin wollten wir von der Frau Base, überhaupt von

München nichts mehr wissen. Wastl, der Postillion, gab uns darin recht. Im übrigen nahm er uns bei den Ohren und lachte, daß es ihn schüttelte. Wir mußten ihm den Hergang auf das genaueste und immer wieder schildern, wobei er es an Ratschlägen für den Fall, daß wir der Frau Base noch einmal zu Leibe gehen wollten – woran wir aber nicht im geringsten dachten –, nicht fehlen ließ.

Mir sagte er voraus, ich würde ein schneidiger bayrischer Ulan – er hatte bei den Ansbacher Ulanen gedient -, es gebe für Ulanen nichts Besseres, als sich auf Igel zu setzen, dann gehe das Reiten ganz von selber. Als die Frau Base nach einiger Zeit mit seiner Postkutsche abgereist war, erzählte er uns, er sei ein wenig scharf gefahren, und machte dazu kleine Augen.

Drei Jahre später bekamen wir aus München ein großes Paket zugesandt. Es stammte aus dem Nachlaß der Frau Base und enthielt die Puppe und die Bleisoldaten und noch anderes prächtiges Spielzeug. Die Frau Base hatte das alles noch selbst zusammengerichtet, verpackt und mit einem Gruß versehen, der ihre Hoffnung zum Ausdruck brachte, wir seien nun ernster, gesetzter und gesitteter geworden und würden den Eltern durch Wohlverhalten Freude machen. Hierin hat sie sich leider nochmals getäuscht. Es war ihr ein für allemal nicht gegeben, eine Art von Kindern, wie wir sie darstellten, für möglich zu halten.

LEICHENBEGÄNGNIS

Die Rott, ein spielerisches, dunkeläugiges Flüßlein, hat zur rechten Seite ein weitgeschwungenes Tal, das fruchtbar ist wie ein Garten und hinüberreicht bis zum Inn und seinen Steilufern, und zur Linken einen Höhenzug, der sie fast den ganzen Weg begleitet. Die Landschaft auf der Höhe, nicht minder fruchtbar wie das Tal, ist ungemein faltig – nicht eine Viertelstunde kann man nach irgendeiner Richtung ebenaus gehen. Das Tal ist besetzt von behäbigen, schweren Dörfern, auf der Höhe sind die Einzelhöfe zu Hause. Eine Landstraße zieht am Fuße der Hügelkette die Rott entlang, eine alte, erfahrene Landstraße, die sich vor Jahrhunderten schon so richtig ihren Platz gewählt hat, daß an ihr nichts herumkorrigiert werden kann und sie ihre Ruhe hat. Sie ist breit genug, daß zweispännige Erntewagen aneinander vorbeifahren können, kräftig genug, daß sie unter einem wichtigtuenden Lastkraftwagen nicht einbricht, und elastisch genug, daß ein Rottaler Wagenpferd, ohne Schaden an seinen Beinen zu nehmen, nach Herzenslust austraben kann. Alte Obstbäume stehen an ihren Rändern, für den Ablauf des Regenwassers hat sie zwei richtige Straßengräben, kurz, man kann an ihr seine Freude haben.

Auf die Höhe hinauf schickt sie viele Seitensträßlein, die je nach der Aufgabe, die sie zu erfüllen haben, kerzengerade ansteigen oder in Kehren oder den Hügel flach anschneiden. Von allen Arten kann man sie antreffen, natürlicherweise.

Eines macht sich unvermerkt in einem Dorfe davon und wird erst auf halbem Hang von unten sichtbar. Es hat eine ziemliche Höhe zu überwinden, läßt sich das aber nicht verdrießen, sondern steigt gerade an, solange es Atem hat, schwingt kräftig aus und nimmt den Rest wieder wie ein Abschneider. So ist es schon immer gewesen, wie die alten Apfelbäume und Pappeln, die es begleiten, beweisen.

Das Dorf, aus dem es kommt, ist ein Pfarrdorf, das sich schmal an den Hügel lehnt. Es besteht aus einigen mächtigen Bauernhöfen, einem Wirtshaus mit Metzgerei, Schulhaus, Pfarrhof, einem Bäcker, einem Kramer, einer Schmiede vor allem; an den Ausläufern sitzen der Schneider, der Schuster, einige Kleinhäusler. Mittendrin, versteckt unter hohen Bäumen, steht die Kirche, im ummauerten Friedhof. Wer von der Ebene kommt, kann das Dorf lange nicht sehen; er glaubt, der Zwiebelturm, der allein sichtbar ist, gehöre zu einer einsamen Kirche. Das Dorf nämlich ist völlig versunken in seiner Baumwildnis und verschmolzen mit der Hügelwand, an die es sich schmiegt.

Wenn es den Menschen gegeben wäre, glücklich zu sein, dieses Dorf wäre dazu geschaffen. Es ist nicht zu groß und nicht zu klein, an Arbeit fehlt es nicht und nicht an Brot und nicht an Zeit. Der Zwiebelturm zwar trägt eine Uhr, aber wer sie ablesen wollte, müßte auf den Friedhof gehen, da er sie sonst von keiner Stelle sehen kann, und niemand kann den Stundenschlag hören, da er in den Wipfeln der Bäume verklingt. Wer hier lebt, spürt die Stunde und weiß damit besser Bescheid über den Ablauf der Zeit als der Uhrenleser. Indessen – die Menschen, so trefflich sie oft alles anrichten können zum Glücke – zufrieden und glücklich sein, das gelingt dann doch nicht. Weiß der Teufel, woran das liegt.

Wer von dem Dorf auf die Höhe und von der Höhe zum Dorf herab will, der hat keine Wahl, er muß sich des einzigen Sträßleins bedienen und kann das beruhigt tun. Es hat eine feste Decke, und wer sich Zeit läßt, bergauf und bergab, dem fehlt nichts. Zumal wenn es trocken ist. Manchmal ist es anders.

Vor vierzig Jahren einmal, im November, da war scharfer

Frost eingefallen. Dann ist es wieder etwas wärmer geworden, hat auch geregnet, gleich darauf ist ein eisiger Wind gekommen, und unter dem ist die Wimmermutter, die ehrengeachtete Austragsbäuerin Therese Höber vom Wimmerbauern in Wimm auf der Höhe, gestorben. Sie war noch gut bei Jahren und hätte auch ihrer Arbeit noch vorstehen können, wenn sie eine gehabt hätte. Aber wie es eben geht. Ihren Bauern hatte, als er noch nicht fünfzig war, ein Baum erschlagen, und von da an sind die Kinder erstaunlich schnell herangewachsen, der älteste Bub hat ihr bald keine Ruhe mehr gelassen mit dem Übergeben. Die Wimmerin war ganz gewiß keine von denen, die sich um ihre Sachen nicht wehren, aber was will eine Wittib gegen einen tatenlustigen, jungen Bauern machen. Und nochmals heiraten und damit die Kinder aus dem Haus treiben, wollte sie auch nicht. Also ist sie in den Austrag gegangen, hat zu kränkeln angefangen und ist auch rasch genug gestorben.

Ihr Sohn hat eine große Leich bestellt, mit Aussegnung vom Haus aus. Am Morgen ist der Leichenkondukt auf dem Hof erschienen, der Pfarrer hat über das wächserne Angesicht der Wimmerin das Kreuz gemacht und den Segen gesprochen, der Sarg ist geschlossen worden, und die Bleß und die Rottalerin, zwei wunderschöne, selbstgezogene Stuten, haben auf einem mit Tannenreisig ausgeschlagenen Brückenwagen die Wimmerin aus dem Hof weggefahren, in dem sie vierzig Jahre gearbeitet und gewerkt hatte. Als der Leichenzug an die Stelle kam, wo das Sträßlein steil abfällt, ist der Sarg vom Wagen gehoben worden, vier Männer haben ihn auf ihre Schultern genommen, um ihn zu Tal zu tragen.

Vorne sind der Aumüller gegangen und der Waizinger, hinten der Stadlberger und der Munzinger, alle vier Bauern aus der Nachbarschaft; der Aumüller und der Munzinger junge Mannsbilder, die beiden andern schon etwas älter, aber bei voller Kraft. Die Ordnung des Zuges war so: Voraus schritt der

Meßner zwischen zwei Ministranten mit dem großen Kreuz, dann folgte der Sarg, dann der Pfarrer und dann das Leichengefolge.

Das Sträßlein, leider Gottes, war an diesem Morgen, wie es bei diesem Wetter nicht gut anders sein konnte, mit einer dünnen Eisschicht bedeckt, über und über, eine richtige Eisbahn.

Der Meßner mit dem Kreuz setzte höchst behutsam Schritt vor Schritt, die Füße einwärts gestellt, den Blick auf den Boden geheftet, was ihm einen erheblichen Vorteil vor den Sargträgern verschaffte, denen die Traglast das Haupt in die Höhe zwang und die sich also allein auf das Tastgefühl verlassen mußten. Diese Beine mußten auch noch alle im Gleichschritt bleiben – es ist klar, daß der Transport des Sarges auf dem Sträßlein eine gefährliche Unternehmung war. Dessen war sich der Meßner bewußt, der immer langsamer wurde, als ob er den ganzen Zug mit seinem Körper hätte bremsen wollen. Das wußte der Pfarrer, der ängstlich Abstand hielt vom Sarg, und das wußten schließlich alle Leidtragenden, die sich rechts und links am Rande der Straße hielten und unentwegt ihre Aufmerksamkeit auf die acht Beine unter dem Sarg richteten.

Mit Vorsicht und Behutsamkeit ging aber alles gut, bis an der linken Seite hinten der Stadlberger, niemand weiß wie, auf einmal mit einem Bein ins Rutschen kam. Er war der längste von den vier Sargträgern, auch der älteste und schwerste. Nebenbei gesagt: auch der reichste und angesehenste. Er hatte fünfzehn Rosse in seinem Stall, eines herrlicher wie das andere, hundert Tagwerk besten Getreidebodens um den Hof herum; von allem andern abgesehen, war er Reichstagsabgeordneter und hatte eine richtige Bibliothek im Haus, deren Grundstock von seinem Vatersbruder stammte, der Generalvikar des Bischofs von Passau gewesen war. Wer ihn nicht näher kannte, mußte denken, daß nicht viel hinter ihm stecke. Denn er zeigte immer Unlust zu reden, und man konnte ihm nicht ansehen, was er dachte. In Wahrheit war er ein guter Beobachter, hatte seine Augen überall, und reden konnte er wie ein Buch und grundgescheit, wenn es einmal der Mühe wert war. Er hatte eine dunkle, körnige Stimme. Es geschah rein der Wimmerin zu Ehren, seiner nächsten Nachbarin, daß er heute den Sarg auf die Schultern genommen hatte, es wäre sonst seine Sache nicht gewesen.

Nun, gerade ihm also rutschte ein Bein weg; seinem Bemühen, es wieder aufzusetzen, war der Erfolg versagt. Vielmehr sackte er etwas zusammen und bekam auf diese Weise mehr von der Last des Sarges, als er mit einem Bein im Gleichgewicht halten konnte. So folgte auch dieses dem entwichenen Bruder, und der Stadlberger, Gott sei's geklagt, schlug hin, nach rückwärts, die Beine nach vorne in die Luft gestreckt. Ein solcher Sturz ist schmerzhaft, aber das war jetzt nebensächlich. Der Sarg senkte sich nach rückwärts, zugleich mit dem Stadlberger, der Munzinger neben ihm wollte zugreifen – ganz vergeblich, auch er verlor den Halt. In der Absicht, die Lage zu retten, faßte er noch rasch den Ansatz, mit dem die Bahre auf seiner Schulter lag, mit beiden Händen und stieß sie mit einem kräftigen Ruck in die Höhe, ehe er niedersank. Das hatte zur Folge, daß der Sarg, der unbefestigt auf der Bahre lag, einen Schwung nach vorne erhielt und mit einer Kante dem Aumüller, ehe er wußte, wie ihm geschah, ins Genick fuhr. Die Wimmerin war im Leben eine ganz gewichtige Frau gewesen, und so war es ausgeschlossen, daß der Aumüller dem Angriff, der noch dazu ganz unvermutet und von hinten erfolgte, standhalten konnte. Er gab einen kurzen Laut von sich, der ebenso der Gegenwart wie der nächsten Zukunft galt, verlor ein Bein nach innen und eins nach rückwärts und stürzte zur Seite. Der Sarg folgte ihm, gleich einem fliehenden Feinde. Der Waizinger gab geistesgegenwärtig nach und ließ die Bahre los. Auf diese Weise wäre er als einziger auf den Beinen geblieben, wenn nicht der Munzinger, der wie ein Schlitten daherkam, sie ihm weggeschlagen hätte. Also mußte auch er sich hart niedersetzen. Dabei traf er als erster den Meßner – auf den dann der Sarg noch eindrang –, der, wie es nicht gut anders sein konnte, auch rückwärts hinschlug, mit ihm das schwere Kreuz, das er nicht aus den Händen ließ, und das den Waizinger so sehr am Schädel traf, daß diesem ein lang hingezogener Fluch entfuhr. Das alles ging rasch und ohne Stocken vor sich. Der Pfarrer sah es mit Bestürzung, schon aber saß auch er auf der glatten Bahn, hingerissen vom Waizinger, der ihn am Bein ergriffen hatte, um sich daran festzuhalten.

Die Bahre war verschwunden. Der Sarg, in seinem Schwung und seiner Fahrt vom Nacken des Aumüllers gehemmt, hatte sich quer gedreht, war mit der Breitseite an den stürzenden Meßner und an diesem entlang gefahren und hatte gleichsam als Vorreiter den Weg nach abwärts genommen. Nicht weit freilich, und er taumelte in den Straßengraben, dessen Enge ihn aufhielt. Die gestürzten Männer glitten im Knäuel hinterdrein. Es ist außerordentlich schwierig, auf abschüssiger Bahn aus der Bodenlage in die Höhe zu kommen, und durchaus nicht einfacher, wenn man es mit mehreren zusammen ausführen soll. Denn da will sich jeder am andern stützen, und was immer einer erreicht zu haben glaubt, wird dadurch, daß ein anderer an ihm sich emporziehen will, wieder zunichte gemacht. Man müßte das Aufstehen in solcher Situation planvoll unter entsprechender Leitung üben, dann würden die Schwierigkeiten schwinden und es könnte sogar ein kraftvolles Bild daraus werden – indessen, wer hätte um jene Zeit an so etwas auch nur gedacht!

Das wild bewegte Gemenge der Männer glitt langsam abwärts, und es hatte den Anschein, als ob es vor dem Ende der Straße überhaupt nicht mehr zum Halten zu bringen wäre. Sehr ungebärdig benahm sich der Aumüller; ihn hatte wohl der Stoß des Sarges ins Genick aufgeregt, er war aber auch sonst von ungeduldigem Wesen. Seltsam ging es mit dem Pfarrer zu. Seit er am Boden lag, war jede geistliche Würde von ihm gewichen, er lag und rutschte und kugelte als Mann unter Männern; seine Griffe, seine Bewegungen und seine Äußerungen waren ungehemmt, kräftig und ganz der Lage angepaßt. Seinen Pfarrkindern ist er damals menschlich so nahe gekommen wie nie zuvor oder nachher.

Die Leidtragenden, die im ersten Schrecken Gefahr gelaufen waren, selbst hinzuschlagen, weil solche Stürze anstecken wie das Gähnen, hatten zunächst untätig sich der Verwunderung über die Gewalt dieser Erscheinung hingegeben, dann aber war der Wimmerbauer daran gegangen, seine Mutter zu retten. Den fliehenden Sarg mit den Augen festhaltend, stieg er mutig in den unruhigen Haufen hinein und lag im nächsten Augenblick mitten drin. Dem einen oder andern, der helfen wollte, ging es nicht anders. Das schreckte ab, und der Leichenzug blieb nun wie erstarrt auf einem Fleck stehen.

Der Stadlberger war bei der Schlittenfahrt unversehens nach vorne geraten, bei einer Umdrehung sah er den Sarg vor sich im Graben, und voll Besonnenheit steuerte er mit den Füßen sogleich darauf zu. Es gelang ihm, er bekam etwas Halt und konnte sich auch behaupten, als der Waizinger und der Meßner ihn mit strampelnden Stiefeln bedrängten. Er umklammerte den Sarg und ward auf diese Weise der Anker, an dem das strudelnde Männerwrack allmählich zum Stillstand kam.

Langsam richteten sich die Gefallenen wieder empor, zuletzt der Stadlberger. Ernsthaften Schaden hatte keiner genommen, sie sahen nur alle etwas zerzaust aus. Die Chorröcke des Pfarrers und des Meßners waren sehr in Unordnung, ja bei näherem Zusehen zeigten sie sich erheblich zerrissen. Das Barett des Pfarrers war zerstampft und nicht mehr zu gebrauchen. Dagegen konnten die Kopfbedeckungen der übrigen Beteiligten ziemlich unversehrt beigebracht werden.

Es dauerte eine Weile, bis jeder über seinen Zustand ins reine gekommen war. Die Aufmerksamkeit zog dann zunächst der Waizinger auf sich, der ein Gespräch mit dem Meßner begonnen hatte. Er behauptete, dieser – nebenbei bemerkt ein Störschneider in mittleren Jahren, Vater vieler Kinder – sei ein ganz gescherter Lackl und das hätte es niemals gebraucht, daß er ihm das Kreuz an den Schädel geschlagen hätte. Wenn es nach Rechten ginge, müßte er ihm auf der Stelle einen Anstand beibringen und ihn richtig herschlagen, und er hätte gute Lust dazu. Es war klar, daß der Waizinger recht schmerzhaft getroffen worden war und dadurch zu ungerechten Vorwürfen neigte. Der Meßner war noch ganz benommen, seine Knie waren zittrig, und er wußte zu seinem Glück dem zornigen Waizinger nicht zu antworten. Daß man sich endlich auch des Sarges wieder erinnerte, lenkte den Waizinger ab und beruhigte sein aufgestörtes Gemüt.

Der Sarg lag unbeschädigt im Straßengraben und wartete geduldig. Man hob ihn auf die Straße und führte ihn auf der Bahre wie auf einem Handschlitten sorgsam abwärts. Hinter ihm hatte sich der Zug wieder geordnet. Die Kirchenglocken begannen zu läuten, da man in der Nähe des Friedhofs angekommen war. Unten an der Straße und beim Eingang zum Friedhof standen Frauen in Trauertracht, das mit einem Rosenkranz umschlungene Gebetbuch in den Händen, bereit, sich dem Zug anzuschließen. Nun hoben die vier Bauern den Sarg wieder auf ihre Schultern und trugen ihn bis zu der frischen Grube im Friedhof, die das Grab der Wimmerin zu werden bestimmt war. Die ganze Zeit über erklangen die Glocken, nicht anders, als sie die Verstorbene allsonntags zur Kirche gerufen hatten. Sie verstummten erst, als der Pfarrer seine Stimme erhob zum Wechselgesang des Requiem aeternam dona eis, Domine. Noch einmal wurde der Sarg eingesegnet, dann senkte er sich ruhevoll in die hartgefrorene Erde. Die Wimmerbäuerin Therese Höber war in ihren Frieden eingegangen.

Der Leichentrunk nach der Beerdigung war ihrer würdig. Der junge Bauer ehrte seine Mutter, indem er den Leidtragenden volle Schüsseln zu gefüllten Krügen auf den Wirtshaustisch stellen ließ. In den Gesprächen wurde der Lebenslauf der Verstorbenen in allen Einzelheiten besprochen, und es kam ein günstiges Urteil zustande. Um den Nachlaß brauchte niemand Sorge zu tragen, da die Wimmerin schon zu Lebzeiten all ihre irdische Habe weitergegeben hatte.

Es ist natürlich, daß auch die stürmische Abfahrt eingehend erörtert wurde. Die gute Bewirtung und der Umstand, daß sich der Leichentrunk bis in den Nachmittag hinein ausdehnte, trugen dazu bei, daß manche unfreundliche Äußerung fiel und im besonderen das weibliche Geschlecht sehr abfällige Bemerkungen über die Mannsbilder machte. Diese indessen schenkten ihnen keine Beachtung.

Der Stadlberger und der Waizinger gingen zusammen nach Hause. Es hatte zu schneien begonnen, frühe Dämmerung war im Anzug. Die beiden Männer schritten langsam und ungefährdet das Sträßlein hinan, sie unterhielten sich über ihre Fohlen. Als sie an die Stelle des Sturzes kamen, schüttelte der Stadlberger, einen Augenblick verhaltend, stumm den Kopf. Der Waizinger sagte: „Du kannst dir nicht denken, wie mir der Lackl das Kreuz naufghaut hat." Er sagte es in heißem Groll, und er hat diesen Groll lange in seinem Herzen getragen.

Der Straße aber hat niemand die Sache nachgetragen. Man hat sie unangetastet gelassen bis heute.

Der kurbairische Füsilier

Johann Weeger, der fünfte Bub eines Kleinhäuslers aus dem Landgericht Griesbach, war im Jahre 1705 Roßknecht beim Bauern zu Schwaim im Rottal, als er, neunzehnjährig, völlig wider seinen Willen in einen Erbfolgestreit hineingezogen wurde, in einen sehr verwickelten und unübersichtlichen Streit, bei dem es um die Krone Spaniens ging und in dem viele große Herrscher widereinander standen, die ihr gutes Recht an der Erbschaft dadurch zu beweisen unternahmen, daß sie einander mit Krieg überzogen, Armeen aufeinander losschlagen ließen und alle Länder verwüsteten, die ihnen erreichbar waren. Dieses Verfahren, den richtigen Erben festzustellen, hat sich bei den Mächtigen dieser Erde, wenn für sie etwas zu holen schien, von je großer Beliebtheit erfreut. Das Ergebnis hat zwar oft Überraschungen gezeitigt und die Unterliegenden haben es stets als unzulänglich erklärt – was begreiflich ist, da sie ja nicht nur den erwarteten Zuwachs zu ihrem Besitz nicht bekommen, sondern regelmäßig an dem, was vorher ihr Eigen war, auch noch beträchtliche Einbuße erlitten haben –, trotzdem aber ist an dem Verfahren festgehalten worden. Vielleicht liegt das daran, daß Nachlässen eine magische Kraft innewohnt, mit der sie die Menschen verwirren und deren natürliche Streitlust rasch auf einen Hitzegrad zu treiben vermögen, bei dem die Bande der Blutsverwandtschaft, die Hemmungen der guten Sitte und des Rechtsgefühls nicht selten zusammen mit dem Gegenstand des Streites wegschmelzen wie der Schnee in der Märzensonne.

Unter der Krone Spaniens war dazumal eine ungeheure Macht vereinigt, und die Wildheit, die in dem Spanischen Erbfolgekrieg entfaltet wurde, entsprach ihrer Bedeutung. Johann

Weeger indessen wußte nicht das Geringste von ihr, ihm bedeutete sie also nichts. Was allein er erfuhr, war, daß sein Landesherr, der bairische Kurfürst Max Emanuel, und der habsburgische Kaiser widereinander einen Krieg begonnen hatten, aber niemand konnte ihm erklären, warum das eigentlich geschehen war. Er hätte die Zusammenhänge wohl auch nicht begriffen. Denn Baiern gehörte nicht zum spanischen Nachlaß, und trotzdem fielen die Österreicher dort ein und gebärdeten sich, als ob das Schicksal der spanischen Krone ausschließlich davon abhinge, daß sie dem bairischen Land die Luft aus den Lungen preßten. Sie erschienen mit Soldaten und Beamten, machten sich breit und richteten sich fürs Bleiben ein. Das wurde ihnen zunächst nicht einmal schwer. Militärischer Widerstand konnte nicht geleistet werden, da keine bairische Armee im Lande war. Die einheimischen Adeligen hielten sich auf ihren festen Schlössern und Burgen still und erklärten, mit geringen Ausnahmen, der Kurfürst sei außer Landes und die Sache ginge sie nichts an. Da sie ihre österreichischen Standesgenossen, die als Offiziere und Kommissäre hereinkamen, überdies freundlich bei sich aufnahmen und bewirteten, blieben sie für ihr Teil sogar von Kriegslasten verschont. Auch die Klöster versicherten den Österreichern ihre Loyalität, freilich nicht mit gleich durchschlagendem Erfolg; sie waren zu wohlhabend und zu wehrlos, als daß man sie ganz ungeschoren gelassen hätte.

Die kurbairischen Beamten gar dachten nicht daran, auch nur im geringsten Schwierigkeiten zu machen. Ihnen ging es ums Dienen, an das ausschließlich sie gewöhnt worden waren, nicht darum, welcher Herr die Gehälter anwies, und so besannen sie sich nicht lange und standen unverzüglich dem Kaiser zu beflissenen Diensten, eifrig besorgt, bei ihm keinen Zweifel aufkommen zu lassen, daß der Kurfürst für sie nicht mehr auf der Welt war. So blieben sie in ihren Stellungen und im Brot und waren den Österreichern eine wertvolle Hilfe in der Besetzung und Ausbeutung des bairischen Landes.

Dieses bairische Land wurde dargestellt von den einfachen Leuten, den Bürgern und Bauern. Sie allein mußten für ihren erblustigen Herrn einstehen, auf sie wurde der ganze Druck gelegt. Dabei waren sie die allerletzten, die etwas von Spanien oder den Habsburgern hätten haben wollen, sie wären in die Haut hinein zufrieden gewesen, wenn sie ihr eigenes Geringes hätten behalten und in Ruhe hätten leben und arbeiten dürfen.

Aber davon war keine Rede. Vorab dem Bauern wurde mit unerbittlicher Deutlichkeit beigebracht, was es heißt, gegen den Kaiser um die spanische Erbschaft zu streiten. Er bekam Soldaten ins Quartier gelegt, die er verpflegen mußte, Pferde mußte er unterbringen und für sie Futter liefern, Hand- und Spanndienste hatte er zu leisten und schließlich noch Kriegssteuern zu zahlen. Das Maß für diese Leistungen bestimmten der Kaiser und sein Feldherr Prinz Eugen von Savoyen, und die waren in unsichtbarer Ferne und nahmen das Maß nicht von den Schuhen der bairischen Bauern, sondern von ihren eigenen Bedürfnissen, die außer jedem Maße waren.

Zu allem hinzu benötigte der gewaltige Prinz Eugen von Savoyen für den Feldzug, den er in Italien gegen die Franzosen führte, Soldaten, und bessere Soldaten als die bairischen gab es weitum nicht, das hatte sich im letzten Türkenkrieg erwiesen. Also wurde den Bauern auch noch befohlen, ihre Söhne und Knechte zur Aushebung zu stellen. Da freilich hörten sie nicht. Ausschreitungen und Einberufungen blieben so gut wie wirkungslos. So ging man dazu über, unter Mithilfe der bairischen Beamten die jungen Burschen zwangsweise einzuziehen.

Auf diese Weise geschah es, daß in einer Sommernacht kaiserliche Husaren in den Hof zu Schwaim eindrangen, den Johann Weeger, der nach einem mit Arbeit angefüllten Tag einen schweren Schlaf schlief, von seinem Strohsack rissen, auf einen Leiterwagen warfen, auf dem schon drei Burschen angekettet sich befanden, und nach Griesbach wegführten – womit er nun in den großen spanischen Erbfolgestreit unmittelbar hineingezogen war, mochte er wollen oder nicht. Er wollte nicht, was ihm kein vernünftig denkender Mensch verübeln kann. Es fehlte schlechterdings an allem, was ihm die Sache hätte schmackhaft machen können. Deshalb entsprang er dem Transport, der ihn Gott weiß wohin bringen sollte, Anfang September an einem Nachmittag, jenseits der Innbrücke bei Marktl, als der Wagenzug bei der Überwindung der Anhöhe am Rande des Burghausener Forstes in Unordnung geraten war.

Wald war ihm vertraut, und so machte es ihm nichts aus, daß er die Gegend nicht kannte, in der er sich befand. Er rannte, um seine Spuren zu verdecken, kreuz und quer, übernachtete im dichten Geäst einer mütterlichen Fichte und pirschte sich am nächsten Tag an den Inn heran, den er in der Abenddämmerung nahe Stammham schwimmend überquerte, unter Aufwendung äußerster Kraft und keuchenden Anrufungen der als Helferin in der Not bewährten Muttergottes in Langwinkel. Ein Bauer in Ritzing gab ihm zu essen, in einem Heustadl übernachtete er, und am Morgen nahm er, nach Art der Brieftauben, die gerade Richtung auf nach Schwaim.

Er wollte nichts anderes als zu seiner Arbeit und zu den Rössern, die die Österreicher seinem Bauern noch gelassen hatten, zurückkehren und machte sich keine Gedanken darüber, ob denn dort seines sicheren Bleibens wäre. Man sieht, er hatte seine Zeit nicht begriffen, die nicht Arbeit, sondern Waffendienst von ihm verlangte. Er entkam ihr aber nicht. Schon am Abend dieses Tages geriet er beim Stegwirt in Ering in einen Haufen kampfbegeisterter Bauern, die ihn zwangen, der Fahne der eben gebildeten Landesdefension mit einem Schießgewehr zu folgen. Zwar erfuhr er diesmal, um was es ging: die österreichischen Unterdrücker zu verjagen und das Land für den Kurfürsten wieder frei zu machen, und mühsam war der Dienst auch nicht – im Gegenteil, es gab gute Quartiere bei den Bauern, wenig Gefechte und manchen lustigen Tag – behaglich fühlte er sich trotzdem nicht; das Heimweh nach dem Hof an der Rott hörte nicht auf, ihn zu plagen. Auf Posten bei der Belagerung von Braunau und beim Einmarsch in Schärding versuchte er zu entkommen – aber vergeblich. Es war leichter gewesen, aus einem Trupp österreichischer Husaren zu verschwinden, als sich jetzt durch die überall im Lande schwärmenden aufständischen Bauern unbemerkt hindurchzuwinden.

An Weihnachten marschierte er in der Schar des Obersten Hoffmann München zu, mit ihr kehrte er bei Steinhöring auf die Nachricht von der Niedermetzelung der Oberländer Bauern auf dem Sendlinger Oberfeld wieder um. In Eilmärschen ging es zurück ins Unterland, Vilshofen sollte, hieß es, so schnell wie möglich erreicht werden. Aber bei Griesbach erfuhr man von dem Untergang des niederbairischen Bauernheeres bei Aidenbach, und nun lief der Haufen auseinander, und Johann Weeger kehrte am gleichen Tage, abgerissen und ruhmlos, nach Schwaim zurück und nahm seine unterbrochene Arbeit wieder auf. Indessen war es ihm nicht beschieden – was allein ihm noch im Sinne lag –, als Bauernknecht zu arbeiten. Schon nach kurzer Zeit mußte er vor den kaiserlichen Husaren flüchten, die nach Deserteuren herumsuchten.

Jetzt leistete er dem Schicksal keinen Widerstand mehr. Er schloß sich einigen jungen Burschen an, die gejagt wurden gleich ihm, wanderte zusammen mit ihnen in die Niederlande und ließ sich dort als Füsilier in ein kurbairisches Regiment einreihen, das soeben, geschlagen und mit schweren Verlusten, aus der Schlacht von Ramillies zurückkam. Neun Jahre tat er im fremden Lande, in Brabant und im Hennegau, harten und unruhevollen Kriegsdienst. Mit Franzosen, von deren Sprache er nur Kommandoworte verstand, kämpfte er in zahlreichen Gefechten gegen Engländer und ihm unbekannte Kriegsvölker. Wo immer er ins Quartier kam, war jedermann unfreundlich und bestrebt, ihn wieder loszuwerden. Löhnung gab es nur unregelmäßig. Die Erhaltung seiner Adjustierung oblag ausschließlich ihm selbst, und das war eine Kette schwerster Gefahren, da auf Diebstahl erschreckliche Strafen standen. Hungrig sein gehörte zum Dienst. Anfangs drückte ihn das Elend seiner Lage ganz zu Boden – allmählich gewöhnte er sich. Daß er unblessiert und gesund blieb, führte er auf die Muttergottes von Langwinkel zurück, die er zu seiner Vertrauten erkoren hatte, die er immer verständigte, wenn es gefährlich wurde, und auf die er sich, wie er sah, mit Sicherheit verlassen konnte.

1715 kehrte er mit der kurbairischen Armee von Namur aus nach Baiern zurück und stand dann in München in Garnison – ein alter, erfahrener Soldat, gleichmütig beim Exerzieren, gleichmütig im Gefecht, gleichmütig auf dem Marsch. Nach Schwaim trug er kein Verlangen mehr. Mit seinem Leben war er soweit zufrieden, und über den morgigen Tag gingen seine Gedanken nicht hinaus.

Im Sommer 1717 fuhr er mit seinem Füsilierregiment die Donau abwärts bis Peterwardein und marschierte vor Belgrad. Am 1. August war er dabei auf der Bajdinahöhe, beim Sturm gegen eine türkische Schanze, der dem Regiment hohen Ruhm, ihm eine schwere Verwundung eintrug. Ein Spitalschiff brachte ihn in langer Schmerzensfahrt nach Baiern zurück.

An Weihnachten 1718 bekam er in München den Soldatenabschied. Ein stämmiger, kerngesunder junger Mensch, als man ihn vor dreizehn Jahren vom Bauernhof weggeholt hatte, war er jetzt ein zerbrochener, alternder Mann, zu schwerer Arbeit untauglich, jeglichen Handwerks ungewohnt. Die Uniform, die er auf dem Leibe trug, Wegzehrung für eine Woche und einige Münzen Sold waren alles, was er für seinen Teil aus dem Spanischen Erbfolgekrieg davontrug.

An einem trüben Wintermorgen verließ er die Stadt. Seine Füße, die sich nicht mehr daran erinnern wollten, wie viele tausend Stunden sie schon marschiert waren, setzten sich nur zögernd und unwillig in Bewegung, sie kannten den Weg nicht, der ihnen bestimmt war, der Wille ihres Herrn blieb stumm. So suchten sie auf Gassen und Plätzen hin und her, schließlich stolperten sie an den Trümmern des Roten Turms vorbei über die Isarbrücke, den Gasteig hinauf. Dort hatten sie gegen einen bissigen Wind anzukämpfen, gewannen aber allmählich eine klare Richtung, nach Osten, die sie in einigen Tagen nach Steinhöring brachte. Sie erinnerten sich, daß sie vor Zeit schon einmal zu Weihnachten hier gewesen waren, erkannten die Straße wieder, die hart gefroren war, wie ehedem, und auf ihr zogen sie nun langsam und sicher hinein ins Unterland. Nach einer langen Woche hatte Weeger dann seine Heimat erreicht, seine einstmals wohlhabende, gesegnete Heimat, jetzt ein armes, ausgesogenes Stück Land.

Er hatte keine Hoffnung mitgebracht, aber nun wartete er doch beim Bauern auf dem Stroh, ob nicht eine Stimme zu erhorchen wäre, die ihn rief, oder eine Hand zu sehen, die ihm winkte. Es war umsonst. Er hatte ausgespielt, auch seine Heimat wollte nichts von ihm wissen. Da begann er, wie viele seinesgleichen, gartend im Lande herumzuziehen. Ein Weib mit ihm, das ihm eines Tages zulief und anhing wie ein herrenloser Hund, das bedürfnislos war und von gehorsamer Geduld, gegen die Gefahren unsteten und armen Landstreicherlebens ausgerüstet mit hartem Körper und verschlagener Gewandtheit. Als es ihm in knappen Abständen ein paar Kinder geboren hatte, mußte er seßhaft werden. Er brachte die Familie in verlassenen Streuhütten oder selbsterrichteten Rindenkobeln, wohlgeborgen in den dichten Wäldern, unter und beließ sie dort immer so lange, als aus der Umgebung Nahrung und Kleidung zu beschaffen war. Das ging mühselig genug. Mit Bettel war kaum etwas hereinzubringen; zwar die harten Bettelmandate schreckten niemand ab, aber die Not auf dem Lande war groß, und der herumziehenden Leute gab es allzuviele.

Das heimliche Stehlen erbrachte wenig bei aller Geduld und Übung, da allenthalben scharfe Wacht gehalten wurde. So blieb häufig nichts übrig als grobe Gewalt, Raub also mit einem Wort, und damit war das Dasein, das Johann Weeger jetzt führte, gefährlicher als ein Kriegszug: auf jeglichen Mißerfolg stand der sichere Tod.

Im Herbst 1721 hauste die Familie Weeger in dem Forst, der sich vom Kirntal gegen Kößlarn hinzieht. In dem Hügelland ringsum fehlte es nicht an Einödhöfen und einigen kleinen Dörfern. Aber die Felder lagen brach, die Scheunen und Ställe standen leer, schlechter Weidegrund also für gartende Soldaten. Beschwerliche und weite Märsche mußte Weeger zurücklegen, lange auf Lauer liegen, um das Notdürftigste herbeizuschaffen. Ungutes Wetter dazu, früh war die Kälte eingebrochen, begleitet von Stürmen und eisigen Regengüssen.

Als der November in den Vollmond gekommen war, strahlte Frost aus klarem Himmel, der grundlose Boden wurde hart. Da machte sich Weeger, der seit Tagen untätig in der Streu gelegen hatte, gegen Mittag auf. In der Pfarrkirche zu Stubenberg wollte er nach dem Opferstock schauen, ehe er diese Gegend endgültig verließ – eine Handvoll Kreuzer war dabei wohl zu erbeuten.

Er schlug einen großen Bogen um den Höhenzug bei Fürstberg, über den sein nächster Weg gegangen wäre, wo er aber allzugut bekannt war, kam bei Pildenau nahe an den Inn und schnürte an Waldrändern bis hinter Prienbach; dort erreichte er den Taleinschnitt, der vom Inn kommend im Norden die Hofmark Stubenberg mit Schloß und Kirche auf steilem Kegel zum Abschluß hat.

Über dem Tal, auf der Höhe bei Kaltenöd, wo er weitum sehen konnte, tat er sich nieder, um seine Gelegenheit, bei beginnender Dämmerung unbemerkt in die Kirche zu kommen, abzuwarten.

Es war noch zeitig am Nachmittag, aber schon erhoben sich

im Talgrund zarte, helle Nebel, glitten tastend auf und nieder, hin und her, wurden dichter und dunkler, breiteten sich über den Fluren aus, zogen sich an den Bäumen hoch, erreichten schließlich die Hofmark und begruben dann die ganze Niederung unter sich. Weeger fror. Er schob sich ganz in seinen verschlissenen Soldatenmantel, preßte die Arme an den Leib und krümmte sich zusammen. Er hoffte, der Nebel würde zu ihm heraufschwingen und ihm helfen, bald in die Kirche eintreten zu können. Auf dem Kegel aber war noch immer klare Sicht.

In vollem Licht lag das Schloß unter ihm, mit dem Gutshof und der Schloßkapelle, weitläufig gebaut, in vier Jahrhunderten hervorgewachsen unter starken und dauerhaften Geschlechtern der Closen und Baumgarten. Aus Kaminen sah er Rauch aufsteigen, und das brachte ihm die Vorstellung einer warmen Gesindestube mit einer mächtigen vollen Schüssel auf dem Eßtisch und die Erinnerung an Zeiten, in denen er mit seinen Kameraden ungebeten an solchen Tischen sich nach Lust satt gegessen hatte. Er hörte den dumpfen Krach der schweren Stücke, das Klacken der Flintenhähne, das Belfern des Gewehrfeuers, roch Pulverdampf und Rauch, sah Feuerbrände herauswachsen aus Dächern von Gutshöfen und Schlössern. Aber es vermochte nicht, ihn zu erregen. Er war viel zu müde und hungrig und durchkältet.

Als es endlich zu dämmern begann, erhob er sich, schob sich in Deckung an die Friedhofsmauer heran, überkletterte sie und huschte in die Kirche hinein, deren Inneres schon ganz im Dunkeln lag. An der Nordwand im Seitenschiff drückte er sich in eine Pilasternische, zwischen die Edlen und Vesten Herren Wolfgang und Wolff von Baumgarten, die seit ihrem Hinscheiden aus diesem Leben – 1512 der eine, 1569 der andere – in rotem Marmor hier standen (und heute noch stehen), ehrwürdige Häupter einer zahlreichen, um sie versammelten marmornen Familie.

Dort sah ihn der Mesner nicht, als er im unteren Turmgeschoß die Abendglocke läutete und dann die Kirchentüre für die Nacht mit einem gewaltigen Schlüssel versperrte.

Nun ist Weeger allein in der Stille und Finsternis der nächtlichen Kirche. Es friert ihn immer noch, und dazu peinigt ihn böser Hunger. Ein paar weiße Rüben hat er im Sack und ein Stück harten Brotes, das hat er rasch gegessen, so sehr er sich damit auch Zeit lassen will. Dann geht er an die Arbeit. Er will sich beeilen, um bald nach Hause zu kommen – nach Hause, denkt er wirklich und meint damit die Streuhütte im Wald. Und so greift er den Opferstock mit den Weidenschlingen an, die er mitgebracht hat, und müht sich unverdrossen, bis er so viele Münzen aus dem Opferstock geangelt hat, als seine Tasche aufzunehmen vermag. Dann streckt er sich auf einer Bank, für Beter bestimmt, aus, um die Zeit zu verschlafen, bis er ungefährdet das Fenster eindrücken kann, durch das er die Kirche verlassen will. Als alter Soldat ist er geschickt, jede beliebige Zeitspanne an jedem beliebigen Ort und zu jeder Stunde zu verschlafen, und so verfällt er auch sogleich, guten Gewissens, in einen festen Schlummer.

Als er wieder aufwacht mit steifem Genick und tauben Beinen, liegt das Mondlicht breit im Kirchenraum und erhellt ihn ganz. Er besinnt sich; aber weil er nicht abwarten kann, bis der Mond untergegangen ist, da er doch davonmuß, wenn die Leute im besten Schlafe liegen, erhebt er sich, schiebt sich aus der Bank und wendet sich zum Fenster, das er für den Ausstieg ausersehen hat. Da trifft seinen Blick ein eindringliches Glitzern, vom Altar her, auf dem ein Madonnenbild steht. Er stutzt – ist einen Augenblick erschrocken –, kehrt sich ab und will dem seltsamen Licht ausweichen. Es läßt ihn aber nicht, und so zwingt er sich, ihm ins Auge zu sehen. Dabei tritt er zögernd näher und erkennt, daß ein Stein im Geschmeide des weiten Mantels der Madonna im Mondlicht zitternd funkelt. Während er sich beruhigt, betrachtet er die Muttergottes und sieht, daß sie eine Kette aus Talern um den Hals trägt.

Da steht nun die Muttergottes vor ihm, hoch auf dem Altar, in der Stille der Nacht die offenen Augen auf ihn gerichtet, Wache haltend, der Verehrung sich bietend, wie am hellen Tage, wenn Weihrauchduft die Kirche durchzieht und alle Bänke gefüllt sind mit gläubigem Volk und vom Chor die Orgel braust; das Christuskind ruht im Arme der Mutter, schmiegt sich an sie und hält das Szepter der Welt in seinen kleinen Händen empor. Nicht anders thront die Muttergottes in Langwinkel auf ihrem Altar, vor der er als kleiner Bub neben seiner Mutter gekniet ist, die ihm aus dem wilden Innstrom herausgeholfen hat und die in der Kriege schwersten Nöten immer zur Stelle war. Freilich, nun hat er sie und sie auch ihn längst vergessen – seine Gedanken geraten durcheinander, höchst unbehaglich fühlt er sich; wenn er nur schon aus der Kirche draußen wäre.

Aber statt zum Fenster, geht er Schritt für Schritt näher an den Altar heran. Den glitzernden Stein sieht er immer weniger, das Gesicht der Madonna verschwimmt, dafür erscheint die Talerkette immer heller und deutlicher und größer. Er denkt nichts mehr und spürt nichts mehr – er tritt ganz an den Altar heran, setzt einen Fuß auf den Altartisch und greift nach der Kette.

Da hebt die Muttergottes ihre rechte Hand aus dem Mantel und faßt seinen Arm, der erstarrt innehält. Und eine klare, gute Frauenstimme spricht zu ihm, daß es in dem nächtlichen Raum widerhallt: „Aber, Kind, was machst du denn da?"

Johann Weeger erschrickt zutiefst, ein eisiger Schauer überrieselt ihn: die Madonnenstatue lebt. Er ist ertappt, nackt und bloß liegt seine Frevelhaftigkeit offen da. Entweichen kann er nicht, nicht vor sich und nicht vor der Muttergottes.

Aber deren Anrede war tröstlich, mütterlich hat sie zu ihm gesprochen, Kind hat sie ihn genannt – wann jemals hat er dieses Wort und solchen Ton gehört? Er schämt sich bitterlich und handelt danach, ohne sich zu besinnen. Er läßt ab von der Kette und sinkt in die Knie. „Liebste Muttergottes", sagt er, „schau, ich bin ein armer Mensch und muß für meine Kinderlein Brot herschaffen" – mehr nicht. Die Mutter weiß ja, daß es wahr ist, und kann in sein Herz, sein klobiges, rauhes Herz schauen, und dort sieht sie noch unter dicker verkrusteter Schale den leise schimmernden Kern und hört aus der wüsten Stimme das Zittern des leidenden Menschen und betrachtet seine Armut – und siehe da, sie spricht zu ihm: „Gut, nimm Kette und Taler und kauf deinen Kinderlein Brot. Aber ich sage dir, ehe vier Jahre um sind, wirst du wegen Straßenraubs gehängt werden. Wenn das geschieht und deine Stunde gekommen ist, dann leugne nichts, nimm die Strafe auf dich und bekenne auch, daß du heute hier gewesen bist und daß ich dir dein Ende vorhergesagt habe."

Nun herrscht wieder Stille im Raum, der ausgefüllt ist vom Licht des Mondes. Weeger erhebt sich, nimmt behutsam die Kette an sich und verläßt, wie er sich vorgenommen hat, die Kirche, und seine Tat bleibt unentdeckt.

Es ist ihm vorhergesagt, daß er wegen Straßenraubs am Galgen endet. Räubert er nicht, wird er auch nicht gehängt – so hat es natürlich die Muttergottes gemeint. Ermahnt und gewarnt hat sie ihn, und er wird sich danach richten, so kann es nicht fehlen. Und weiter zieht er mit Weib und Kindern im Lande umher, Hunger und Frost und jegliches Elend ziehen mit, Krankheit und Tod finden sich dazu.

Und ehe vier Jahre um sind, wird er in einem Walde bei Eggenfelden ergriffen, als er einen Wanderer, den er niedergeworfen hat, ausplündert. Als ihm der Blutrichter das Todesurteil spricht, das ihn so bitter eben nicht trifft, da ruft er aus, die Muttergottes von Stubenberg habe nun doch recht behalten, und bekennt, wie sie ihm aufgetragen, was ihm in jener Novembernacht begegnet ist.

Das ist niedergeschrieben und mit den Akten aufbewahrt worden. Als die Zeit gekommen war, ein Menschenalter später, ist der Bericht gleich einem Samenkorn aufgebrochen und erblüht und hat bedrängte Menschenherzen, die zu allen Zeiten wundergläubig sind, erquickt und getröstet. Und da das altbairische Volk von je gerne kirchenfahrten geht, ist eine Wallfahrt daraus geworden, die hundertfünfzig Jahre gedauert hat; dann ist sie wieder langsam in der Zeit versickert.

Die Kirche steht noch oben auf dem Berg. Im Winkel bei den marmornen Rittern hängt eine Tafel, verschlissen ist das Bild und verschlissen sind die Zeilen, in denen die wundersame Geschichte festgehalten ist von dem ehemals kurbairischen Füsilier Johann Weeger.

Der singende Apfelbaum

In den achtziger Jahren des vorigen Jahrhunderts erlag die siebzehnjährige Tochter Ludmilla eines Aschenbrenners der dem Prämonstratenserkloster Schlägl zugehörigen Glashütte im Sonnenwald, hoch oben im bayerisch-böhmischen Waldgebirge, den Werbungen eines jungen Handwerksgesellen namens Leonhard Ruewandl. Dieser, ein Faßbinder, hatte auf seiner Wanderschaft im Kloster Schlägl zugesprochen und Arbeit gefunden in der Binderei, die der Abt für seine umfangreichen Weinkeller und die klösterlichen Gutshöfe unterhielt.

Eines Sonntags im frühen Herbst, als er die Wälder durchstreifte, die sich dicht und dunkel und unübersehbar nordwärts breiteten, über ausgesparte Siedlungen wie Ulrichsberg und Klaffer hinan zu den Gipfeln des Plöckensteins und Dreisessels, war er in die Glashütte geraten und hatte Ludmilla kennengelernt, ein gar zierliches, zarterblühtes Mädchen, das in der Einsamkeit der abgelegenen Hütte auf ihr Leben wartete, bei strenger häuslicher Pflicht und enger Bindung an die schon still gewordene Mutter, deren jüngstes Kind sie war nach sieben, die sie geboren hatte, an drei Brüder, die in der Hütte arbeiteten und deren Sinn danach stand, die Welt zu durchwandern, – und an den wortkargen, verhärteten Vater.

Da die Zeit für die zwei jungen Menschen gekommen war, konnten äußere Schwierigkeiten so wenig wie das Sträuben Ludmillas gegen die Hingabe an einen beklemmend glücklichen Zustand es verhindern, daß sie sich lodernd liebten. Sie trafen sich, so oft und wo immer es gehen mochte. Die Zeit dazwischen schien endlos, das Zusammensein grausam kurz, die Zukunft aber lag klar und sonnenbeglänzt vor ihnen, draußen im Unterland, am rauschenden Innstrom, Leonhards Heimat.

Im März des nächsten Frühjahrs, da noch tiefer Winter über dem Land des Waldgebirges lag, befiel Ruewandl eine Lungenentzündung, die ihn ohne Zögern aus dem Leben wegnahm, so kerngesund er auch bislang gewesen war. Ludmilla, der Hoffnung auf nahe Heirat jählings beraubt, bekannte völlig verstörten Gemütes – was sie ohnehin nicht mehr lange hätte verbergen können – ihren Eltern, daß sie gesegneten Leibes sei, und wurde daraufhin, wie es der im Umkreis des Klosters herrschenden Gepflogenheit entsprach, aus dem elterlichen Hause verwiesen. Sie wanderte, ein Kleiderbündel an der Hand, mit einem Körbchen, für Wegzehrung bestimmt, und einem bescheidenen Notpfennig ausgestattet, nach einem tränenreichen Abschied von der Mutter und einem inbrünstigen Gebet an Leonhards Grab, die winterlichen Wege hinunter zur Donau, im Bayerischen einen Dienstplatz zu suchen. Das gelang ihr alsbald und unschwer in Passau, wo der Inn sich in die Donau wirft, von dem ihr Ruewandl soviel erzählt hatte und an dessen Ufer sie ihre wenigen freien Stunden verbrachte.

Die Stadt verwirrte sie. Ungewohnt und fremd alles, die eng geschichteten Häuser, die unübersichtlichen Straßen und Gassen, der lärmende Verkehr; die Hast und Ungeduld der vielen sich drängenden Menschen. Schon nach kurzer Zeit sah sie sich wildem Heimweh ausgeliefert, das Tag und Nacht an ihr zehrte und sie am Leben verzagen ließ. Zuletzt, schon ganz verzweifelt, überwand sie die Scham, die sie bisher abgehalten hatte, sich an die Eltern Leonhards zu wenden. Sie schrieb an die Mutter Ruewandl einen kurzen, ungewandten, demütigen Brief, und alsbald traf die Aufforderung ein, in Leonhards Heimat zu kommen. Ungesäumt löste sie sich aus ihrem Dienst und trat in der Mitte des Monats Mai den Fußmarsch an, innaufwärts. Drei Tage war sie unterwegs, bis sie Aign erreichte, einen behäbigen altbayerischen Flecken, der durch lichten Auwald respektvoll vom Inn, dem allzu oft seine Ufer zu eng wurden, abgesetzt war. Aign hatte einmal etwas bedeutet, als der Inn noch auf mächtigen Flößen Waren und auf Booten, Zillen und versuchsweise sogar Dampfschiffen Reisende donauwärts beförderte. Diese gute Zeit freilich war vorüber, die äußere Gestalt aber, die sie dem Ort gegeben hatte, war erhalten. Zwei prächtige Kirchen vor allem hoben sich mit schweren Türmen aus der flachen Uferlandschaft, die eine davon dem heiligen Leonhard geweiht, der alljährlich im Herbst viel Volk zu festlicher und fröhlicher Verehrung um sich versammelte.

Inmitten der Ortschaft betrieb der Vater Ruewandl, ein ruhiger, in sich gekehrter Mann, in seinem Anwesen, zu dem eine bescheidene Landwirtschaft gehörte, eine Schusterwerkstätte.

Die Mutter Ruewandl war eine warmherzige, bewegliche Frau von heiterem Wesen, mit klarem, natürlichem Verstand, fleißig und energisch bei der Arbeit; sie neigte dazu, bei Meinungsverschiedenheiten ihren Willen durchzusetzen. Der Tod Leonhards, des einzigen Sohnes – die zwei Töchter waren ausgeheiratet –, hatte sie schwer getroffen. Ludmillas Brief, so sehr er sie überraschte, schien ihr wie eine tröstliche Botschaft aus dem Himmel, in den sie ihren Buben versetzt hatte, und sie beschloß augenblicklich, das arme Mädchen, das Leonhards Kind unter dem Herzen trug, zu sich zu holen. Ihren Entschluß teilte sie ihrem Mann auch gleich als den seinigen mit, und damit war die Angelegenheit in Ordnung.

Für Ludmilla wurde Leonhards Stübchen hergerichtet, und sie bezog es allsogleich, dankbar und überglücklich, als sie erschöpft in Aign eintraf. Vom ersten Tag an konnte sie sich als Tochter im Elternhaus fühlen, und es blieb auch dabei, als alles immer und immer wieder erzählt war, was man über Leonhard zu berichten hatte. Man wurde ihrer nicht überdrüssig, obzwar ihrer Bereitschaft, sich nützlich zu machen, durch ihren Zustand sehr bald Grenzen gezogen waren.

Am Ufer des Inn lag ein altes Fährboot, unbenützt ins Gebüsch gezogen, ein Spielplatz Leonhards in seiner Bubenzeit. Dort saß Ludmilla zuweilen und ließ ihren Gedanken freien Weg. Der hatte freilich einen engen Zirkel, denn Ludmilla war ein sehr einfacher junger Mensch, ihre Lehrmeisterin war allein die Liebe gewesen, und das Herz hatte bei ihr auch die Aufgaben des Verstandes zu erfüllen.

Nun ist es Juni geworden, es fällt ihr schwer, sich zu bewegen. Ihre Stunde steht bevor. An einem Mittag sind Vater und Mutter Ruewandl auf die Auwiese gegangen zum Heuen, zur Eile getrieben von einer drückenden Schwüle, die ein Gewitter ankündigt. Ludmilla sitzt derweilen und liegt voll Unruhe in ihrem Stübchen und horcht auf die Schmerzen, die in Pausen mit gesteigerter Wucht auf ihren Leib eindringen. Langsam zieht sich die Sonne zurück, vom Westen rückt Dunkelheit nach, die Schwüle nimmt zu.

Ludmilla kennt sich mit Gewittern aus, sie ist unter ihnen aufgewachsen. Sie weiß, jetzt kommen einige Donnerschläge in der Ferne, dann näher und näher, dann Windstöße, dann, zur Probe gleichsam, ganz schwere Regentropfen, die sich gewichtig fallen lassen, dann aber jählings heulender Sturm und Wolkenbruch. Genau so wird auch heute die Reihenfolge sein – hoffentlich, denkt sie, reicht die Zeit noch aus, um das Heu trocken heimzubringen. Der Donner wird dringlicher, auf der Dorfstraße hört sie Heuwagen schüttern und Pferde galoppieren, von den Ruewandlleuten aber ist noch nichts zu spüren. Da hebt schon der Wind an, sie schauert gleich den Bäumen im Garten zusammen, und jetzt überfällt sie stechender Schmerz, der sie halb ohnmächtig auf das Bett streckt.

In ihre Qual hinein hört und spürt sie plötzlich schwingende Töne, von weither, der Wind bringt sie mit, singender Wind, linder, singender Wind. Und wie die Töne verhallen, löst sich die Qual, für einen Augenblick freilich nur, gleich setzt sie wieder ein, aber auch der singende Wind ist wieder zur Stelle, nur, wie die Schmerzen, kraftvoller und deutlicher.

Von nun ab nimmt sie, was immer sich begibt, nur mit halben Sinnen auf. Das Gewitter tobt und brüllt, der Regen rauscht wie Wasserfälle hernieder, der Sturm fährt mit ungeheurer Wucht einher. Dazu ertönt brausende Musik, in vollen, schwellenden Akkorden, nachlassend und wieder ansteigend zum gewaltigen Schrei, mit strömendem Atem, eine herrliche Musik voll Gelassenheit und Ebenmaß noch bei rasender Kraft, ein Wettstreit mit dem Sturm, mit dem Gewitter, mit den Schmerzen. Ein sieghafter Streit, denn die Töne bleiben, als Sturm und Gewitter abziehen, in den rinnenden Regen klingen sie hinein, nun wieder linde singend, tröstend und zart.

Die Mutter Ruewandl und die Hebamme stehen helfend am Lager Ludmillas, als sie die Augen aufschlägt und den Tag wahrnimmt, der aus dem Dunkel zurückgekehrt ist. Sie hat einem Knaben das Leben geschenkt.

Nach der Taufe am übernächsten Tag besucht sie der alte Pfarrer, Jakob Erd ist sein Name, ein des Lebens kundiger Mann nach dem Herzen Gottes und guter Menschen. Er segnet sie und redet mit ihr über den verstorbenen Leonhard, den er einst gleich dem neuen kleinen Leonhard getauft hat und den er hat heranwachsen sehen.

Und sie erzählt ihm, und erlösende Tränen überströmen ihr blasses junges Gesicht, von ihrer Heimat im Sonnenwald und von den geheimnisvollen Tönen, die sie begleitet haben, als sie beim heranziehenden Gewitter in Schmerzen versank. Da erfährt sie nun, daß die Äolsharfe, die er, Jakob Erd, vor vielen Jahren einem Apfelbaum seines Gartens anvertraut hat, Wind und Sturm und Gewitter wiedergegeben hat als Musik. Durch die Äolsharfe, sagt Jakob Erd, vernehmen wir armen Menschen, daß auch der Sturm Gottes Herrlichkeit und Güte in sich trägt.

Ludmilla kam bald zu Kräften, der kleine Leonhard gedieh und folgte seiner Mutter in die Ehe mit einem wackeren Handwerksmann, der ihm den Weg öffnete, ein angesehener und gelehrter Mann zu werden. Er hat mir eines Tages in Gegenwart seiner Mutter, die ruhevoll lächelnd zuhörte, erzählt, wie er unter den Klängen einer Windharfe das Licht der Welt erblickt hat.

Die Äolsharfe auf dem Apfelbaum hat mir, als ich noch ein Büblein war, Jakob Erd, dessen Andenken gesegnet ist, selbst gewiesen. Sie ist nun längst dahingegangen, wohl ihr. Es ist ihr erspart geblieben, von den Stürmen zerrissen zu werden, die heute über unsere Heimat brausen.

Ein eigener Mensch

Im frühen Herbst des Jahres 1898 begab es sich, daß im südlichen Bayern die fließenden Wasser anstiegen, allenthalben die Ufer ihrer Rinnsale überfluteten und sich weithin ins Land ergossen. Es begann in den Quellgebieten des Gebirges und trieb mit steigender Wucht talwärts. Der Inn vor allem, von jeher ungebärdig, zeigte helle Freude an der aufrührerischen Unordnung, er reckte und hob sich hoch über Busch und Baum seiner Ufer. Er fuhr einher, prachtvoll und großartig, wie am Schöpfungstage.

Die Rott, seine anmutige Dienerin, blieb mit den zahlreichen Bächen ihres Herrschaftsgebietes nicht zurück. Im Oberlauf sammelte sie ihre Kraft, dergestalt, daß sie zwei Wegstunden vor ihrer Einmündung in den Inn das niedrige rechte Ufer überschreiten konnte. Dann strömte sie, froh ihrer Freiheit, hinaus in die ebenen Fluren. Ein Bahndamm lag quer im Wege, er konnte sie nicht aufhalten. Sie überspülte ihn, er sackte zusammen, und sie flutete über ihn hinweg.

Kurz, ehe es so weit war, um die Mittagszeit, rollte ein Zug der Lokalbahn auf dem Damm heran, ohne unziemliche Hast, selbstbewußt und sorgenlos, seine Gedanken auf nichts gerichtet als auf die Einhaltung der fahrplanmäßigen Zeit. Plötzlich verlor die Lokomotive den Boden unter den Rädern, fuhr mit ihrem schwarzen gußeisernen Bauch in aufgeweichtes Erdreich, die Wagen stießen aufeinander, einige legten sich auf die Seite, alles mit besonnener Langsamkeit. Niemand kam zu Schaden, nur mit dem Fahren war es zu Ende, und das Zugpersonal und die Reisenden mußten den Weg zum nächsten Bahnhof, schon in bespülter Erde, zu Fuß zurücklegen. Dieser Bahnhof gehörte einem großen Dorfe zu, das in dem fruchtbaren Gelände liegt zwischen Inn und Rott, auf der Grundlinie etwa jenes stumpfen Dreiecks, in dessen Scheitel die Vereinigung der beiden Flüsse sich vollzieht – eine Wegstunde entfernt von der Rott, doppelt soweit vom Inn.

Der Fahrdienstleiter der Bahnstation und die dort den Zug erwartenden Menschen hatten dessen Verschwinden vom Bahndamm sehr wohl beobachtet. So wurde man im Dorf noch vor dem Eintreffen der ausgesetzten Fahrgäste auf eine Gefahr aufmerksam, die man bisher nicht bemerkt hatte. Zwar pflegte die Rott nicht selten, zumeist im Frühjahr, ein wenig über die Ufer zu treten und den Eigentümern der anliegenden Anwesen und Fluren Unannehmlichkeiten zu bereiten, aber durchaus in erträglichen Grenzen, und noch niemals war sie dem Dorf gefährlich geworden, dessen Bewohner sich jetzt, – durch die rasch verbreitete Kunde von dem Unfall aufgescheucht, eilends und vollzählig beim Bahnhof einfanden; der Bürgermeister und der Gemeinderat voran. In Rudeln standen sie um den Lokomotivführer und den aus dem Dorf gebürtigen Heizer, den Stationsvorstand, den sehr aufgeregten Bahnmeister, der die Strecke in Ordnung zu halten hatte, und die verdutzten Reisenden herum und redeten aufeinander ein, fragten nach allen Seiten, hörten überall hin und führten so ein Dauergespräch, das ihnen ein dichtes Zusammengehörigkeitsgefühl verlieh. Was sich inzwischen am Inn ereignete, davon hörten sie nichts. Sie ließen, die Aufregung auskostend, untätig die Zeit verstreichen, sehr im Gegensatz zum Hochwasser, das unaufhaltsam weiterdrängte. Allerdings nicht gegen das Dorf, das sich auf einem breiten Erdbuckel ausdehnt, sondern seitwärts davon, in einer Falte, die in die Ebene innwärts führt.

Eine Woche hindurch waren, nach langer Trockenheit, schwere Regen niedergegangen, gestern hatten sie aufgehört und freundlichem Herbstwetter Platz gemacht. Jetzt, am vorschreitenden Nachmittag allerdings zog in dunklen Ballen Gewölk auf am Himmel. Die Dorfbewohner, die sich noch immer nicht satt geredet hatten, beachteten es nicht. Ein jählings niederstürzender Regenschwall, von einem zornig fauchenden Westwind hin und her gejagt, trieb sie aber auseinander, in ihre Häuser und zur Abendarbeit.

Der Hauptmann der freiwilligen Feuerwehr, Schreinermeister Loibl, ergriff noch rasch die Gelegenheit, aufzutreten. Er stellte mit weithin vernehmbaren Kommandoworten seinen Lehrbuben, einen geweckten Burschen, als Wache vor den Bahnhof mit der Weisung, Meldung zu erstatten, wenn das Hochwasser der Rott das Dorf annehmen sollte, woran indessen im Ernst niemand dachte.

Dieser erschien, als die Dämmerung eingebrochen war, beim Bürgermeister und berichtete, vom Inn her sei Glockenläuten vernehmbar, ohne daß man aber die Entfernung ausmachen könne, weil der Wind entgegenstehe und Regenrauschen das Ohr täusche. Der Bürgermeister ließ den Gemeinderat des Dorfes, Bauern und Handwerksmeister, herbeiholen, die auch alsbald eintrafen. Alle zusammen begaben sich nun vor das Dorf hinaus, wo auch sie sogleich Glocken hörten, einzelne zuerst in Abständen; bald aber riß das Läuten nicht mehr ab – kein Zweifel, die Glocken riefen um Hilfe. Die Männer konnten auch sehr wohl erkennen, von welchen innwärts gelegenen Dorfkirchen das Läuten kam. Das machte sie schweigsam und hinderte sie zugleich, den Marsch abzubrechen. Sie schoben sich vielmehr, einer dicht am andern, im noch immer strömenden Regen den ohne Unterlaß auf sie herdringenden Tönen entgegen, bis an den hochgelegenen Rand einer Geländestufe, an deren Fuß, wie sie hörten, das Gebiet des Hochwassers begann.

Während sie hier verhielten, jeder bereit, dem andern den nächsten Schritt und das erste Wort zu überlassen, tauchten aus der Dunkelheit zwei ihnen wohlbekannte Nachbarn auf, triefend vor Nässe, und berichteten, einander abwechselnd:

ihr Weiler und die Nachbarhöfe rundum und die Ortschaften weiter dem Inn zu seien heute gegen Mittag unversehens von einem wütenden Innhochwasser überfallen worden, das mit unheimlicher Schnelligkeit und Wucht sich breitgemacht habe und rasch angestiegen sei. Am Nachmittag hätte sie auch noch das Hochwasser der Rott erreicht. Alles in Stall, Stube und Tenne sei in äußerste Gefahr geraten, weggeschwemmt zu werden, die Menschen hätten sich in die oberen Räume der Häuser geflüchtet, säßen jetzt aber schon auf Dächern und Bäumen, Vieh triebe auf dem Wasser. Rufen und Glockenläuten hätte keine Hilfe herbeigebracht – so seien sie beide in die Flut gestiegen und hierher gewatet, ein verdammter Marsch übrigens, immer wieder seien sie ins Wasser gefallen.

Nun wußte man wenigstens, woran man war, konnte bereden, wie die Dinge standen, und überlegen, was zu tun wäre. Aber natürlich nicht hier im Regen. Die nassen und erschöpften Boten in der Mitte, begab man sich in das Dorf zurück, in den Gasthof zur Post, um zunächst einmal die Nachbarn zu trocknen und zu stärken und im übrigen Rats zu pflegen.

Einer allerdings aus der Männerschar blieb zurück, der die Not und Gefahr der vom Hochwasser bedrängten Menschen und Tiere drückender empfand als Nacht und Regen. Er gehörte nicht dem Gemeinderat an, hatte überhaupt nichts zu sagen, und ein Vorschlag von ihm, ohne Verzug etwas zu unternehmen, wäre ebenso unpassend wie aussichtslos gewesen.

Dieser bemerkenswerte Mann war der Hausmeister des Gasthofes zur Post, Chrysant Hiefinger mit Namen. Ein eheloser Mann von etlichen fünfzig Jahren, von mittelgroßer hagerer Gestalt, mit Gesichtszügen, die aus hartem, völlig ausgetrocknetem Holz unter Weglassung jeglicher Rundung geschnitzt schienen, mit stahlblauen, immer wachsamen Augen, einem der Sitte der Zeit entsprechenden dichten Schnauzbart und einer hohen, durchdringenden Stimme, die keine Spur zärtlichen Schmelzes mehr erkennen ließ, wenn sie ihn je besessen haben sollte. Ungewöhnliche Beweglichkeit zeichnete ihn aus und machte ihn für die vielfältigen Aufgaben seines Dienstes im besonderen Maße geschickt.

Sein Fleiß und seine Ehrenhaftigkeit standen außer allem Zweifel, er genoß aber den Ruf, „ein eigener Mensch" zu sein, was besagen wollte, daß er Eigenschaften zeigte, die ihn von seiner Umgebung abhoben und die ganz offensichtlich nicht zu ändern waren. Das traf auch zu. Er zeigte eine Scheu zu reden, die für den Hausmeister eines Gasthofs durchaus ungewöhnlich war. Fremde Gäste etwa, die sich ihm, den sie nicht näher kannten, mit siegesgewohnter Liebenswürdigkeit näherten, behandelte er mit eisiger Sachlichkeit. Menschen mit der Gabe überzeugender Rede aber ging er weit aus dem Wege. Seine Zuneigung gehörte den Kindern und vor allem den Tieren.

Trotz eines zuweilen nicht ungefährlichen Jähzornes war er von gutmütigem, friedlichem und hilfsbereitem Wesen. Mit seinem Dienstherrn, dem Posthalter, stand er sich vortrefflich, denn dieser ließ ihn gelten, wie er nun einmal war.

Chrysant Hiefinger kannte die Gehöfte der Umgebung gut und wußte, welche von ihnen am meisten bedroht waren. Dorthin machte er sich, der abziehenden Männerschar nicht achtend, auf, mit einem Floß aus einer Wagenbrücke, die er einem nahegelegenen Schuppen entnahm, und einer kräftigen Stange, und es gelang ihm, im Laufe der Nacht Menschen, die sich schon keinen Rat mehr wußten, und Tiere, die an ihren Ketten im Stall dem Ertrinken nahe waren, aus der Gefahr herauszuholen.

Unterdem berieten sich die Männer in der behaglichen Wärme der Wirtsstube, hielten sich durch beharrliches Trinken frisch und festigten durch gegenseitigen Zuspruch ihre Auffassung, daß jeder Versuch der Rettung in der Dunkelheit töricht und nutzlos wäre. Gegen Morgen, bei trunkener Müdigkeit, war ihnen, auch den Boten, zudem klar geworden, daß Gefahren im ersten Schrecken stets erheblich übertrieben zu werden pflegten.

Der langsam aufscheinende Tag schien das zu bestätigen. Es hatte aufgehört zu regnen, der Sturm hatte sich verzogen und nur soviel an wehendem Föhn zurückgelassen, als nötig war, das weichende Hochwasser in Bewegung zu halten. Blanker Himmel überspannte freundlich die Landschaft, die Salzburger Alpen, zwei Tagereisen entfernt, standen dicht vor dem Dorf, und die überschwemmte Flut lag völlig entschleiert vor aller Blicken.

Eine rege Tätigkeit kam nun in Gang. Der Schreinermeister Loibl ließ die Signalhörner der Feuerwehr die Dorfgassen entlang blasen, die Glocken der Dorfkirche schwangen sich im Turm, Fuhrwerke mit Stangen und Brettern und vielerlei Werkzeug ratterten zum Dorf hinaus, und der Pfarrer rief die Frauen zu einer Betstunde in die Kirche. Gegen Mittag zeigten sich die ersten Erfolge, Menschen und Tiere wurden nebst einigem Hausrat eingebracht und versorgt.

Das Hochwasser, als ob es soviel Lärm und Wichtigkeit nicht ertragen könnte, räumte schlürfend und gurgelnd das eroberte Gebiet – nicht ganz so rasch, als es eingebrochen war – und gab den Zugang frei zu den erheblichen Schäden, die es angerichtet hatte. Erntevorräte fanden sich in Klumpen weithin zerstreut, in den Ställen hing da und dort Vieh an den Ketten, die Pferde, Kühe, Schweine und Schafe, die noch hatten ins Freie gebracht werden können, waren zum Teil abgetrieben worden und ertrunken, viele aber hatten sich aus dem Wasser herausgearbeitet. Was indessen die Hühner betrifft, diese äußerst törichten Geschöpfe, so hockten sie wohlbehalten auf Ästen und Zweigen und in Wipfeln der tief im Wasser stehenden Bäume der Obstgärten.

Die Bewohner der überschwemmten Gehöfte begegneten der nunmehr so heftig auf sie eindringenden Hilfsbereitschaft mit Zurückhaltung, keinesfalls mit so heißem Danke, wie die

Retter es erwarteten. Ja mit der Einbringung und Verwahrung dessen, was ihnen geblieben war, wollten sie die eifrigen Nachbarn lieber nicht bemühen.

Chrysant Hiefinger seinerseits beteiligte sich an diesem Rettungswerk nicht. Er hatte sich nach der morgendlichen Stallarbeit auf sein Bett gelegt und schlief den Vormittag hindurch, erst zur Mittagszeit tauchte er wieder auf.

Am Abend dieses Tages trafen sich die wirtshausfähigen Bewohner des Dorfes vollzählig im Gasthof zur Post, wo der Bürgermeister in ungefügen zwar, aber herzhaften Worten einen Rückblick gab auf die verdienstvollen und anstrengenden Hilfeleistungen der Gemeinde. Den Beifall freilich verscherzte er sich dadurch, daß er sich hinreißen ließ, allen Geschädigten weitere umfassende Unterstützung in Aussicht zu stellen, was die Zuhörer irrtümlich als streng verbindliche Zusage auffaßten.

Nach einer Woche friedlichen Herbstwetters konnte der Bahnmeister den Bahndamm wieder in Ordnung bringen, und mit der Aufnahme des Zugverkehrs geriet das Hochwasser bei allen, die nicht unmittelbar betroffen waren, rasch in Vergessenheit.

Chrysant Hiefinger erwies sich in jenen Tagen völlig unzugänglich für ein Gespräch über die Sturmnacht. Schließlich, von hartnäckiger Neugier gestellt und in die Enge getrieben, leugnete er, dabei greulich fluchend, rundweg, in jener Nacht seine Stube überhaupt verlassen zu haben, leugnete so mit frecher Stirn eine gemeinhin offenkundige Tatsache.

So sehr man ihm die Rettungstat zutraute, so wenig war es erhört, daß er so schamlos log, noch dazu ohne jeden ersichtlichen Grund und Zweck. Über den Bemühungen, dieses unbegreifliche Verhalten zu erklären, entschwand die nächtliche Floßfahrt aus dem allgemeinen Blickfeld.

Viele Jahre später, als das Alter dem Chrysant Hiefinger die schwere Arbeit aus der Hand genommen hatte und er gesprächiger geworden war – wenn auch beileibe nicht redselig –, gab er einmal den Grund für sein Leugnen an:

Das geschah an einem Sommerabend, als er einem sehr jungen Mädchen, einem Kinde noch, das ihm öfter Gesellschaft leistete und offenen Zugang hatte zu seinem Herzen, von längst vergangenen Begebenheiten seines Lebens erzählte. Sie saßen auf einer Bank hinter dem Pferdestall, wo man den Ausblick hat auf viel grüne Weide, auf Flurbreiten und ferne, bewaldete Hügel.

Die Leute, sagte er, hätten ihm, weil er gelogen habe, übel nachgeredet, das hätte er im voraus gewußt, und das sei ganz natürlich und mache den Leuten Freude. Niemand sei ihm böse gewesen. Wenn sie ihn aber hätten loben müssen, wäre ihm das niemals verziehen worden, und alle hätten ihn insgeheim angefeindet. So seien die Menschen nun einmal, und danach müsse man sich richten, wenn man seine Ruhe haben wolle.

Das Mädchen fragte dem Sinn dieser Worte nach, den es nicht verstand, konnte aber keine andere Erklärung bekommen als: der Chrysant sei immer ein eigener Mensch gewesen.

Lobet den Herrn

Zu jener Zeit, als die Menschen in unserem Land des Friedens so gewohnt waren, daß sie seiner nicht mehr achteten, – und das ist jetzt lange her – lebte in einem bescheidenen Dorf an der bayerisch-österreichischen Grenze (wie sie damals gerade galt) im Waldgebirge der junge Schullehrer und Organist Karl Muchler. Es war sein erster Posten, und er hatte Hirn und Herz voll brausender Musik. Sie auszuüben, stand ihm seine Geige zur Verfügung und die ältliche Kirchenorgel, die sich indessen gegen Zudringlichkeiten entschieden widerspenstig zeigte. Doch Muchler war der Mann nicht, sich abschrecken zu lassen. Er wußte, wie die Töne klangen, er brachte sie in reiner Vollkommenheit mit an den Orgeltisch, und nicht anders hörte er sie aus den verbeulten Orgelpfeifen hervorquellen, mochte das Pedal klappern und das Pfeifenwerk zischen und brummen, wie es wollte. Im übrigen lag Notenpapier in Stößen in seiner kargen Stube, das schrieb er voll mit allem, was ihm keine Ruhe ließ, und er hatte vollauf zu tun, damit zurechtzukommen. Die Zeit drängte auch – aber das wußte er nicht –, denn ihm war bestimmt, früh zu sterben. Er ist im Herbst 1914 in Frankreich gefallen, noch nicht dreißig Jahre alt.

Es ist klar, daß Muchler mit großem Eifer um den Kirchenchor bemüht war. An musikalischen Begabungen fehlte es nicht, schon bald hatte er eine treffliche Sängerschar beisammen. Hervorzuheben ist die Pfalserbäuerin Maria Stocker, deren hellklingender Sopran jeder Aufgabe gewachsen war. Sie sang zwar mehr nach dem Notenbild als nach klar begriffenen Notenwerten, aber sie besaß ein nie versagendes Gedächtnis, und niemals hat es in einem Chor eine zuverlässigere Sopranistin gegeben. Zu singen war ihr eine Lust, sie fehlte nie bei den Proben und nie in der Kirche, die wenigen Tage ausgenommen, die sie alljährlich im Wochenbett verbringen mußte.

Kein rechter Verlaß war auf den ersten Tenor des Chores, einen durch die Wälder streifenden Forstgehilfen, dessen Stimme über heldischen Klang und unbegrenzte Höhe verfügte, der indessen leider recht häufig dienstlich an der Mitwirkung verhindert war.

Dagegen konnte man auf den Metzgermeister Preintl jederzeit mit Sicherheit rechnen. Er hatte sich nicht ohne Schwierigkeiten die Kunst angeeignet, nach Noten zu singen; als es ihm schließlich gelungen war, kam ein seltsames Hochgefühl über ihn und ein drängender Eifer. Er war im Besitz eines abgrundtiefen, gewaltigen Basses, der mühelos einen Turm von himmelstrebenden Stimmen zu tragen vermochte.

Kurz, Muchler konnte bei diesen und manchen anderen wackeren Sängern Freude haben an seinem Kirchenchor. Und er hielt ihn schließlich für fähig, eine Festmesse „Laudate Dominum" zur Aufführung zu bringen, die er komponiert hatte. Ihre Anforderungen überstiegen freilich die Leistungsfähigkeit eines ländlichen Kirchenchors erheblich, und sie verlangte die Mitwirkung von Streichern und Bläsern, an deren Beschaffung vernünftigerweise nicht zu denken war – aber Muchler war jung, ein ganz echter Musiker dazu, und seine Sohlen hafteten nur flüchtig an der festgegründeten Erde.

Den Ostersonntag hatte er für die Aufführung bestimmt. Als die Felder abgeräumt waren, das Vieh von den Waldweiden in die Ställe zurückkehrte und der erste Schnee auf die dunklen Wälder sich niedertastete, begann er mit den Proben, und diese dauerten den ganzen langen Winter hindurch. Eine mühsame Arbeit. Aber aus ihr ist, als es auf Ostern zugeht und die Spechte vom Waldrand her zu locken beginnen, etwas herausgewachsen, was der Festmesse soweit ähnlich sieht, daß der Komponist, der mit Strichen und Überarbeitungen nicht gespart hat, sie gelten lassen kann. Das Streichorchester in dünner Besetzung stellen einige Schullehrer und Geistliche der Umgebung, als Bläser sind Mitglieder der erreichbaren Dorfkapellen gewonnen.

Als hartnäckig erweisen sich die räumlichen Schwierigkeiten. Der Chorraum der kleinen Kirche ist nicht auf Festmessen eingerichtet. Eine schmale Stiege von abweisender Enge führt zu ihm empor. Er befindet sich im Dachgewölbe über der Empore, so breit etwa wie sie, aber ohne Tiefe. Die Orgel füllt ihn beinahe ganz aus.

Muchler ist es durch sorgfältige Berechnungen gelungen, die Mitwirkenden so aufzustellen, daß jeder seiner Aufgabe gerecht werden kann, vorausgesetzt, daß er unbeweglich auf dem ihm zugeteilten Platze verharrt.

Am Karsamstag hat sich überraschend ein Freund Muchlers eingefunden, ein Virtuose auf der Geige. Er steht, mit Muchlers Violine ausgerüstet, am Ostersonntag auf dem Chor, in die kompakte Masse der Mitwirkenden eingeschlichtet – noch niemals hat er eine Menschenschar so fest gebündelt gesehen. Den Hut wenigstens, den er nicht in der Hand behalten kann, muß er irgendwo unterzubringen versuchen. Er entdeckte eben noch einen Holzpflock, auf den er ihn stülpt, als, nach einem kräftigen Klingelzeichen, aus der Sakristei ein feierlicher Zug hervorquillt, der Mesner und vier Ministranten voraus, rot und weiß sind sie gewandet, hinterdrein der Pfarrer im Festkleid, den Kelch in beiden Händen. Mit fünf Schritten ist der Altar erreicht, und das Hochamt beginnt.

Aufgabe des Organisten ist es, den Einzug des Pfarrers und dessen erste gottesdienstliche Handlungen mit Orgelspiel zu verherrlichen. Das weiß der Knabe wohl, dem die Aufgabe anvertraut ist, das Pfeifenwerk der Orgel mit Wind zu versorgen; und er beginnt deshalb, als das Klingelzeichen ertönt, voll hastigen Eifers die Winde am Windkasten neben der Orgel zu drehen. Der Windkasten dehnt sich, einem erwachenden Untier gleich, mit gefährlichem Schnauben, der Deckel der Holzlade hebt sich, der pralle Balg erscheint. Wind strömt in die Pfeifen, der Organist spielt prächtig mit vollem Werk. Plötzlich sperrt sich die Winde, die Kraft des Knaben reicht nicht mehr hin, sie zu bewegen. Es ist keine Zeit, nach der Ursache zu forschen. Der Metzgermeister Preintl, neben der Winde aufgestellt, greift, sobald er den Knaben erlahmen sieht, mit selbstsicherem Ungestüm zu. Aber auch er vermag die Winde nur um einen Ruck zu drehen, dann stockt sie. Unterdessen ist die Orgel aus anfänglichem Keuchen in Wimmern und jammervolles Stöhnen übergegangen. Jetzt, da der Organist sie nicht in Ruhe läßt, weint sie stoßweise vor sich hin. Preintl vernimmt es und ist nun zum Äußersten entschlossen. Er wirft sich mit aller Kraft auf die Winde – die Orgel antwortet mit einem langhingezogenen schneidenden Heulton –, rüttelt sie mit geschwollenen Stirnadern und unter halblauten, knappen Flüchen, und er hätte den Windkasten gesprengt, wenn nicht eine Sängerin, die Ursache des Widerstandes erkennend, ihm Einhalt geboten hätte.

Solchermaßen hingen die Dinge zusammen: Für den Pfosten auf dem Deckel des Windkastens ist in der Mauer ein gerade für ihn passendes Loch angebracht, in dem er zu spielen hat, wenn das Windwerk bedient und der Deckel in die Höhe getrieben wird. Auf diesem Pfosten sitzt heute ein Hut. Niemand hat das beachtet. Der Hut geht getreulich dem Pfosten voraus ins Mauerloch, schmiegt und biegt sich unter dem Druck und Drängen, aber irgendwo hat das seine Grenze. Daran ändert auch Preintls Gewalttätigkeit nichts, wohl aber zerreibt und zerfetzt sie den Hut bis zur völligen Vernichtung.

Muchler muß einen Gedanken lang die Augen schließen, um sich zu sammeln, der Flügelschlag eines finsteren Engels hat ihn berührt.

Immerhin, die Orgel ist wieder in Ordnung, und die Festmesse beginnt. Als der erste Satz, das Kyrie, zu Ende ist, stehen Muchler die blanken Tränen in den Augen, Tränen heißen Glücks. Die Musik, die er eben gehört hat, die nicht von ihm stammt, die er nur hat niederschreiben dürfen, hat ihn überwältigt.

Der Gottesdienst und die Musik gehen aber unverzüglich weiter, das Gloria hebt an, und damit ist der Augenblick gekommen für das Auftreten der zwei Zugposaunen.

Ihre Beherrscher sind ältere, hagere, aber äußerst zähe Männer, Schuster der eine, Kleingütler der andere. Seit vielen Jahren betätigen sie sich einträchtig in der Kunst des Posaunenblasens, die sie nach der Stärke des erzeugten Tones bemessen. Wenn sie bei weltlichen Feierlichkeiten, Hochzeiten etwa und Tanzmusiken, sich hören lassen, sind sie, so gering auch die ihnen zugewiesenen musikalischen Aufgaben sein mögen, des Beifalls immer sicher, wenn sie ihren Instrumenten dröhnende Schreie entlocken.

Muchler ist das wohl bekannt. Deshalb hat er sie beschworen, bei der Messe Zurückhaltung zu üben und leise zu blasen, und hat ihnen einen heiligen Eid darauf abgenommen. Als sie jetzt, aufs höchste gespannt, die Posaunen an den Mund setzen, haben sie alles vergessen. Sie blasen auf ihre alte Weise und erzeugen bei jedem Einsatz einen so gewaltigen Schall, daß alles, was sonst an Tönen im Raum ist, die Orgel eingeschlossen, spurlos verschwindet. Zwar gehen sie etwas zu hastig vor und erreichen zumeist beim ersten Anlauf den gesuchten Ton nicht. Sobald sie ihn aber erwischt haben, lassen sie ihn nicht wieder los. Mit der ganzen Kraft ihrer Lungen pressen sie die Luft in die blinkenden Instrumente und blasen, blind vor Eifer, daß die Fenster zittern, die Fledermäuse aus dem Gebälk schwirren und die von den Ministranten aus weitgeschwungenen Gefäßen hervorgeschleuderten Weihrauchfahnen erschreckt zusammenfahren. Vergeblich versuchen die Trompeten, es ihnen gleichzutun, sie gehen hilflos unter im Sturm der Posaunentöne. Die Sänger strengen sich an, daß ihnen die Augen aus dem Kopfe quellen, aber sie erreichen nicht einmal, daß sie ihre eigene Stimme hören. Die Streicher auch nur zu erwähnen, ist sinnlos, sie sind nicht mehr vorhanden. Alle kommen erst wieder zum Vorschein, wenn die Posaunen verstummen. Wann das geschieht, ist im übrigen nicht vorauszusehen. Die beiden Posaunisten beginnen zwar zu blasen, wenn ihr Notenblatt den Einsatz gibt, aber wann sie aufhören, hängt ausschließlich davon ab, wann ihr Atem erstirbt.

Muchler steht das Herz still. Jeder Versuch, diesem Naturereignis entgegenzutreten, ist aussichtslos, ein Blick auf die beiden Bläser läßt ihm darüber keinen Zweifel. Schließlich begräbt ihn der ungeheure Wolkenbruch von Tönen so vollständig unter sich, daß ihm die Vernichtung seines Werkes gar nicht mehr bewußt wird.

Indessen geschieht das Unbegreifliche: der zersprengte Chor sammelt sich nach dem Abzug des Orkans wieder und zieht geordnet seines Weges weiter, bis er neuerdings von Posaunenstößen überfallen wird.

Die beiden Erzengel strahlen vor Befriedigung über ihre Leistung. Die Posaune ist schließlich keine zirpende Maultrommel, sondern zu gewaltigen Aufgaben berufen. Mauern hat sie schon zum Einsturz gebracht. Dessen muß jeder eingedenk sein, der sie auf den Plan ruft. Und die Festmesse nimmt weiter ihren sturmgepeitschten Verlauf.

Der Erfolg bei allen Zuhörern ist groß – wer hat je das Geheimnis der Gesetze ergründet, nach denen sich der Erfolg eines Kunstwerkes richtet?

Lieber junger Freund Karl Muchler, du magst dich trösten: die Posaunen haben besser gewußt als du, welcher Gewalt es bedarf, den Menschen des Herren Lob deutlich zu machen – um vor Gottes Thron gehört zu werden, bedurfte deine Musik solcher Gewalt nicht.

Der Optiker Lindinger

Mit der Vorladung zum Termin vom 5. Oktober 1906 vor das Nachlaßgericht kam der Optiker Franz Seraph Lindinger zum ersten Mal in den Jahrzehnten, in denen er in der Hauptstadt lebte und arbeitete, in unmittelbare Berührung mit einem der zahlreichen Amtsgebäude, die von je – architektonisch – das Ansehen des Landes zum Ausdruck bringen. Da er nichts mit ihnen zu tun hatte, waren ihm die häufigen und großen Veränderungen im Inneren dieser Bauten völlig entgangen. Immer aufs neue nämlich erfüllen die Architekten auf vollkommene Weise die große Aufgabe, das Innere der öffentlichen Gebäude zweckmäßig und schön zu gestalten. Unablässig haben sie schwere Irrtümer und Fehlgriffe früherer Baumeister zu beseitigen und richtigzustellen. Die öffentlichen Gebäude werden in aller Regel nach Maß gefertigt – trotzdem decken sie die Bedürfnisse nicht, denen sie zu dienen haben.

Die Ämter nämlich, die in den öffentlichen Gebäuden hausen und wirken, ändern ohne Unterlaß ihre Gestalt. Nicht etwa, daß sie jemals an Umfang verlieren, auf diese törichte Meinung kann nur ein gänzlich Unerfahrener geraten. Zwar verschwinden von Zeit zu Zeit einige von ihnen spurlos, weil sich herausgestellt hat, daß sie den hurtigen Fortgang der gemeinen Geschäfte nur unnötig belasten – aber schon stehen wie aus dem Boden gewachsen andere, dringend nötige Ämter an ihrer Stelle, die nur aus irgendeinem unbegreiflichen Versäumnis bisher nicht eingerichtet worden waren. Diese anderen, neuen Ämter benötigen, so sehr sie auch ihre Bedürfnisse an Raum und Personal einschränken, mehr Platz als die alten, überflüssigen, und zwingen die Architekten, aufs neue zu planen und zu bauen, ob sie wollen oder nicht.

Zu den öffentlichen Gebäuden gehören auch die Gerichtsgebäude, allerdings zählen sie nicht zur ersten Klasse, wenn man eine Abstufung nach Repräsentanz, Großartigkeit und Schönheit vornehmen würde. Bei ihnen begnügt man sich häufig mit den Anforderungen der Zweckmäßigkeit und berücksichtigt auch den Ernst ihrer Bestimmung, den man durch bequeme oder zierhafte Einrichtungen nicht stören will. Vereinzelt werden Gerichtsgebäude als Paläste, Justizpaläste bezeichnet. Das darf aber nicht täuschen. Diese Bezeichnung soll nur die Wertschätzung zu bleibendem Ausdruck bringen, die die Rechtspflege bei der Regierung, die den Bau aufgeführt hat, erfahren hat. Dafür mögen sie gut sein. Für die Bearbeitung der Dienstgeschäfte der Gerichte sind diese Paläste von je ganz unzureichend. Nur ein bescheidener Teil der benötigten Sitzungssäle und Amtszimmer kann dort untergebracht werden. Für die meisten von ihnen müssen in allen Bezirken der Stadt Räume in Wohn- und Geschäftshäusern gesucht werden. Die so geschaffene Unübersichtlichkeit wird eher als nützlich denn als schädlich empfunden; wer zu Gericht geht, soll von Anfang an die Sache nicht zu leicht nehmen und in eine angemessene Stimmung versetzt werden.

Dieser Zweck wurde bei dem Optiker Franz Seraph Lindinger durchaus erreicht, als er am 5. Oktober 1906 sich auf den Weg zum Nachlaßgericht machte. Als Gerichtsgebäude war ihm lediglich der Justizpalast bekannt, und dorthin begab er sich, ohne im gedruckten Text der Vorladung den Ort der Amtsstelle nachzusehen, an den er gerufen war.

Er betrat den Palast durch eine Seitentüre des großen prunkhaften Portals – das nebenbei bemerkt noch niemals seit seinem Bestehen geöffnet worden war und deshalb einen etwas törichten Gesichtsausdruck bekommen hatte – und fand sich in einer riesigen Kuppelhalle, dunkel wie alle Kuppelhallen der ganzen Welt. Hinter breiten Marmorsäulen führten Treppen zu offenen Galerien, die sich rund herum ziehen und vermuten lassen, daß dort in der Verborgenheit Rechtspflege geübt werde. Unentschlossen, wohin er sich wenden solle, sah er sich nach Auskunft um. Gestalten in schwarze, wallende Talare gehüllt, bewegten sich über den Hof der Halle hin und her und verschwanden in den dunklen Seitengängen – sie ohne weiteres anzureden, schien ihm vermessen. Er wählte schließlich einen Mann, der hinter einer Säule auftauchte und ruhevoll seinen Blick auf die Uhr richtete, die hoch oben in der Kuppel angebracht war. Ihn fragte er bescheiden nach der Lage des Zimmers, in dem er zu erscheinen hatte. Hiebei wurde er für den heutigen Tag zum ersten Mal inne, daß er nun einen Bezirk betreten hatte, in dem sich das Leben auf besondere, seltsame und geheimnisvolle Weise abspielte, und daß hier das Einfachste – etwa das Aufsuchen und Betreten eines Amtszimmers – für jeden schwierig, ja gefährlich werden konnte, der in die Mysterien nicht eingeweiht war. Der Befragte, ein Gerichtsdiener, sonst nicht zur Milde geneigt, gab die erbetene Auskunft, nachdem er die Vorladung eingesehen hatte, in ruhigem Ton, aber umständlich, zugleich mit einer allgemeinen Belehrung über Verhalten bei Gericht und mit Bemerkungen schmerzlichen Erstaunens über die Unwissenheit der Menschen in den wichtigsten Dingen des Lebens. Lindinger vernahm sehr wohl den drohenden Unterton, den der Diener des Gerichts mit dem besten Willen nicht ganz hatte unterdrücken können, und wurde ein leichtes Unbehagen nicht los, als er sich jetzt auf die Wanderung machte, um eilig – die befohlene Stunde war nahe – außerhalb des Palastes nach dem Gebäude des Nachlaßgerichts zu suchen. Gerade noch rechtzeitig fand er es und in einem der dunklen Gänge das richtige Zimmer. Er klopfte an, öffnete auf Herein die Türe und schloß sie, ohne das Zimmer zu betreten, schleunigst und erschrocken wieder, da eine zornige Stimme ihm mit der Frage entgegenfuhr, ob er nicht warten könne.

Er war bis heute reinen Gewissens durchs Leben gegangen,

er war sich auch jetzt keines Fehltritts bewußt, es war ihm auch nicht unbekannt, daß zur Obrigkeit ein rauher Ton gehört, trotzdem verstärkte sich das Gefühl der Unsicherheit und Ängstlichkeit, das ihm der Gerichtsdiener eingeflößt hatte. Zu warten war er gerne bereit. Er suchte sich einen Winkel in einiger Entfernung von der Zimmertüre, um ja nicht des Horchens verdächtig zu erscheinen, und entdeckte dabei drei in tiefe Trauer gekleidete Frauen – die zwei Schwestern und eine Nichte seiner verstorbenen Frau, die gleich ihm vor Gericht geladen waren. Er begrüßte sie und störte sie dann nicht weiter in ihrer eifrigen, halblaut geführten Unterhaltung.

Franz Seraph Lindinger war der überzählige Sohn eines Landschullehrers. Seine beiden älteren Brüder und eine Schwester hatten höhere Schulen besuchen dürfen, für ihn, dem es weder an Verstand noch Freude am Lernen fehlte, und zwei weitere Schwestern reichten die Mittel hiefür, aller Sparsamkeit der Eltern zum Trotz, nicht aus. Das wußte er selber gut genug, da er ja das karge Leben zu Hause miterlebte. Wenn in den Ferien seine Geschwister aus der Stadt kamen, mit Zeugnissen und Schlafbedürfnis und Plänen aller Art für die Vakanz, wenn sie – in den ersten Tagen wenigstens – ineinander hinein und übereinander weg von ihren Erlebnissen in den Schulen und von den gewaltigen wissenschaftlichen Anforderungen erzählten, denen sie zu genügen hatten, von ihren Mitschülern und Professoren gar, deren es nur zwei klar voneinander getrennte Sorten gab: ganz feine und ausgesprochene Schufte, nichts dazwischen – dann zog es ihm schon das Herz zusammen. Wenn er aber daran dachte, wie sein Vater neben seinem Schulunterricht jede Stunde des Tages und jeden Tag im Jahr im Kirchendienst und in der Gemeindeschreiberei arbeitete, um am Ende des Monats das Geld für den Schulbesuch der Geschwister in die Stadt schicken zu können, und wie seine Mutter unablässig im Haus und Garten und in der Küche sich abmühte und beide sich die kleinste

Ausgabe für Bequemlichkeit oder Erholung nicht gestatteten, war alles in Ordnung, er empfand heiße Liebe zu den Eltern, als ob er selbst vor den andern hätte studieren dürfen.

Mit zwölf Jahren kam er nach Passau in die Lehre zu einem Optiker, einem Manne, der von den Vorvätern her mit seiner Mutter ein wenig verwandt war. Er stammte aus der Glashüttengegend an der böhmischen Grenze und war von ruhigem, gelassenem Wesen, wie es seiner Hantierung zukam. Er erschien eines Tages bei den Eltern Lindinger zu Besuch, sah sich den Knaben an, führte ein längeres Gespräch mit ihm und erklärte sich bereit, ihn in die Lehre zu nehmen, bei freier Kost und Wohnung und – bis auf weiteres – eine Mark Taschengeld in der Woche. Franz Seraph war glücklich, obgleich er eine höchst nebelhafte Vorstellung von der Kunst hatte, die er erlernen sollte: in seinem Dorf gab es keinen Optiker und nur einen einzigen Brillenträger, den Pfarrer.

Nun, er übersiedelte in die Stadt, die ihn überwältigte mit ihrer Größe und Pracht, ihrem gewaltigen Verkehr, ihrer Schifffahrt – vom Hafen konnte er sich sonntags nie trennen – und bezog die Dachkammer und seinen Arbeitsplatz in der kleinen Werkstätte neben dem Laden des Meisters. Es stellte sich bald heraus, daß er Geschick hatte für die optische Kunst – anders bezeichnete sein Meister die Hantierung nie – zudem von Natur geduldig und Lärm und jeglichem Aufsehen abgeneigt, war er also gleich zu der für ihn richtigen Arbeit gekommen, ein glücklicher und seltener Fall. Still und stetig, wie seine Tätigkeit, ging sein Leben voran. Zwanzig Jahre arbeitete er bei dem Meister, dann erwarb er mit seinen Ersparnissen ein kleines Geschäft in der Landeshauptstadt, mühte sich redlich und verfügte bald über ein sicheres und recht gutes Einkommen.

Nun ging er daran, sich zu verheiraten, wie es ihm schon lange im Sinne lag. Denn an Mädchen hatte er Freude und für Liebe viel Bereitschaft, auch Begabung übrigens, was sich da und dort gezeigt hatte. Er konnte sehr entflammt sein und das überzeugend zum Ausdruck bringen, wenigstens im Druck der Hände, im Blick der Augen und vor allem schriftlich, selbst in gereimter Form. Er empfand das alles als Vorbereitung für die große Stunde, in der er ein geliebtes Mädchen um sein Jawort bitten wollte. Hierfür hatte er die jüngste Tochter Sophie des Apothekers seines Heimatortes ausersehen, ein wohlgestaltetes, freundliches, aber leider etwas sachliches Wesen. Er behielt sie durch die Jahre wohl im Auge, und mit Bedacht sorgte er, daß die Verbindung mit ihr nicht abriß. Seine Absicht und Hoffnung gab er allerdings nicht zu erkennen, wenigstens nicht deutlich, weil er doch nicht wußte, ob und wann er für eine Zusage würde einstehen können. Jetzt verdichtete er den bisher spärlichen Briefverkehr, schilderte ausführlicher sein Leben und seine Umgebung, und Anrede und Schluß seiner Episteln wurden zusehends zärtlicher. Allein, der Widerhall blieb aus, und als er nach Hause fuhr, um nach dem Rechten zu sehen, mußte er feststellen, daß Sophie sich eben mit einem aus weiter Ferne zugewanderten Photographen verlobt hatte.

Das traf ihn schwer, es war der erste Mißerfolg seines Lebens. In Wahrheit hatte er Glück. Sophie verwandelte sich alsbald aus einem freundlichen Mädchen in eine durchaus unfreundliche Ehefrau, der Photograph bereute es bitter, sich so viel Mühe um sie gegeben zu haben.

Franz Seraph brauchte nicht lange zu warten, bis er seinen Entschluß, zu heiraten, durchführen konnte. Die ihm bestimmte Lebensgefährtin stand schon bereit, die Tochter Resi des Bäckermeisters Krautwurm seines Dorfes, die in einer Klinik der Hauptstadt, ohne daß er es wußte, als Krankenschwester tätig war. Als er sie aufsuchte, um ihr Grüße von Zuhause zu bestellen, erkannten sich beider Herzen auf der Stelle. Und es erwies sich, daß sie nach Maß füreinander gefertigt waren. Von dem Kummer abgesehen, daß ihnen Kindersegen nach einem fehlgeschlagenen Versuch versagt blieb, lebten sie in gleichmäßigem, ausgewogenem Glück. Franz Seraph arbeitete von früh bis spät, abgeschlossen von dem Trubel der Menschen, für die er seine Gläser schliff, damit sie die Dinge größer und schärfer oder näher oder ferner sehen könnten, oder wohl auch richtiger, und Resi bewährte sich als munteres, besorgtes, zutrauliches und launenfreies Weib. Da sie ohne Aufwand hausten, kamen sie – Resi hatte Aussteuer und ihr Muttergut mitgebracht – zu einem für ihre Verhältnisse ansehnlichen Wohlstand. Vor einem Jahr erwarben sie das Haus, in dem Werkstätte und Laden sich befanden, zu Eigentum und befestigten damit ihr gutes Ansehen noch um ein Beträchtliches. In dieser Zeit erkrankte die Frau und starb. Franz Seraph, der nun nahe an den Sechzig war, blieb betäubt zurück. –

Er mußte auf dem dunklen Gang lange genug warten, um sein einfaches Leben hin und her überdenken zu können. Es lag eng zusammengedrängt und zum Greifen nahe vor seinen Augen. Alle Zeitabstände waren aufgehoben: seine Kinderzeit, die Jahre in Passau, das erste Zusammentreffen mit seiner Frau auf dem Gang vor einem Saal der Klinik, an einem Fenster, das in den weiten Garten hinaussah, das Abendessen in einem Weinrestaurant, das sie sich gegönnt hatten, als sie beim Notar den Hauskauf abgeschlossen hatten, das alles hatte sich zu gleicher Zeit begeben, und zwar gestern, und war überstrahlt von den guten Augen der Resi. Völlig untergetaucht in diese Vorstellung, hörte er nicht das unablässige Reden der Frauen neben sich, und selbst der Aufruf seines Namens wäre ihm entgangen, wenn ihn nicht jemand am Arm mit in das Zimmer des Richters genommen hätte.

Ein mäßig großes Zimmer, ausgefüllt von einem großen Schreibtisch mit Aufsatz, zwei kleinen Tischen und einem mächtigen Aktenregal an der Wand.

Im Zimmer befanden sich drei Männer, der königlich bayerische Oberamtsrichter Heberschlag, der Aktuar Müßlein und ein vorübergehender Rechtspraktikant. Heberschlag saß am großen Schreibtisch, er winkte die Eingetretenen zu sich heran. Nach einer kurzen Einleitung belehrte er sie, daß sie nach den Bestimmungen des neuen bürgerlichen Gesetzbuches die gesetzlichen Erben der verstorbenen Therese Lindinger, geborenen Krautwurm, wären, die natürlich, ungeachtet aller Hinweise in den Zeitungen, ihre Erbfolge nicht durch ein Testament geregelt hätte, und zwar wären die drei Schwestern – anstelle der verstorbenen Schwester deren einzige Tochter – zur einen und der überlebende Ehegatte zur andern Hälfte als Erben berufen. Die Auseinandersetzung des Nachlasses könnten die Erben unter sich vornehmen. Auf Antrag sei das Gericht aber bereit mitzuhelfen. Er habe vorausgesehen, daß ein solcher Antrag gestellt werde – hier schob er ihnen ein Schriftstück zu und sagte, sie sollten unterschreiben –, und er werde deshalb auch mitwirken. Er mache aber darauf aufmerksam, nachdrücklichst, daß es sich dabei um einen Akt der freiwilligen Gerichtsbarkeit handle, daß die Beteiligten sich dessen stets bewußt bleiben müßten und daß er keine Lust hätte, seine Gutmütigkeit mißbrauchen zu lassen. Diese Worte sprach er mit erhobener Stimme und in drohendem Ton.

Daraufhin verwies er sie an den Aktuar. Dieser, ein jüngerer, schwarzgelockter Beamter mit ehrgeizigen Augen, ließ sie auf bereitgestellten Stühlen vor seinem Tisch Platz nehmen und begann sogleich mit großer Geschäftigkeit die Verhandlungen. Er wußte bestens Bescheid, war überhaupt ein fähiger Kopf und fleißiger Arbeiter, neigte aber zur Selbständigkeit und hatte die Absicht, bei erster Gelegenheit den Staatsdienst zu verlassen und eine lohnendere Laufbahn einzuschlagen. Keinen geeigneteren Aktuar konnte es für den Oberamtsrichter Heberschlag geben, denn dieser beschränkte sich ausschließlich darauf, die richterliche Gewalt zu repräsentieren, und hatte sich längst gewöhnt, die anfallende Arbeit, wie groß sie auch sein mochte, auf Aktuar und Rechtspraktikanten zu verteilen und für sich nichts zurückzubehalten.

Er stand am Ende einer langen Richterlaufbahn. Ehrgeiz hatte ihn nie verblendet, hohen Stellungen mit aufreibender Tätigkeit hatte er ein geregeltes gemütliches Privatleben stets vorgezogen. Um sich das zu erhalten, hatte er seine Aufmerksamkeit frühzeitig dem Ausbau einer rationellen Arbeitstechnik gewidmet, und darin war ihm reicher Erfolg zuteil geworden. Er beherrschte die Psychologie des Mitarbeiters ebenso von Grund aus wie die jener Menschen, die er als Richter zu behandeln hatte. Wohlwollen für Gutgesinnte, die dem Richter wenig Arbeit zu bereiten geneigt waren, Strenge für Widerspenstige, die den Richter zu langen Erklärungen und rechtlichen Ausführungen zwingen wollten, unbeugsame Autorität in jedem Falle, das waren seine Grundsätze.

Früher wirkte er als Spruchrichter in Strafsachen und bürgerlichen Rechtsstreitigkeiten, seit längerem amtierte er in Vormundschafts- und Nachlaß-Sachen. Hatte er dort mit dem besten Willen nicht ganz vermeiden können, zuweilen selbst Urteile anfertigen zu müssen, – hier war es ihm gelungen, das Richteramt damit auszufüllen, daß er nur seine richterliche Persönlichkeit wirken ließ.

Trotz seiner fünfundsechzig Jahre war er ein stattlicher Mann. Auf breiten Schultern saß ein wuchtiger Kopf, einen gewaltigen eisenfarbenen Schnurrbart trug er zu dem ausschließlichen Zweck, ihn als Einleitung zu Donnerworten mit beiden Händen aufzwirbeln zu können. Seine grauen Augen blickten in aller Regel uninteressiert, aber doch gefährlich gegenwärtig. Seine große Gestalt war beweglich, er konnte blitzschnell in die Höhe fahren oder sich umwenden, weite Gesten und ein bedeutender Schritt standen ihm zur Verfügung. Seine Stimme klang, auch wenn er ganz gemütlich und freundlich sprach, als ob sie durch ein Sprachrohr käme, sie konnte zu betäubender Stärke anwachsen. Überzeugter Junggeselle, erschienen ihm alle Kindsmütter – jene Mütter also, die Kinder außerhalb der Ehe zur Welt brachten, die dann seiner Fürsorge anvertraut waren – verdächtig, hauptsächlich deshalb Kindsmütter geworden zu sein, um Männern Unterhaltsrenten aus der Tasche zu locken. Zwar ließ er es auch an Unerbittlichkeit gegen die Kindsväter nicht fehlen, doch war diesen gegenüber ein Unterton mitfühlenden Verständnisses unverkennbar.

Bleibt noch zu sagen, daß er sich besonders gut zu kleiden pflegte und sich stets mit einem weithin vernehmbaren Wohlgeruch versah. Und daß er vormittags auf eine Stunde, nachmittags auf zwei Stunden bei Gericht erschien, was bei seiner Methode, die Dienstgeschäfte zu erledigen, ausreichte.

Die Behandlung des Falles Lindinger, wenn sie nach der Ordnung und ohne Störung sich vollzog, war abzuschließen mit einer Niederschrift der vom Gericht vorgeschlagenen Teilung des Nachlasses, die in Gegenwart des Richters zu verlesen, dann von den Erben und zuletzt vom Richter zu unterzeichnen war.

Müßlein, wohl erfahren in derlei Geschäften, hatte schon vor dem Termin auf Grund des Nachlaßverzeichnisses einen Vorschlag ausgearbeitet, den er den Hinterbliebenen unterbreitete. Die drei Frauen hörten sich ihn kopfschüttelnd an. Aufgefordert, sich zu äußern, gaben sie zunächst zögernd, mit anklagender Sanftmut ihrer Verwunderung Ausdruck, daß der Ehemann ihnen, den Blutsverwandten, gegenüber so bevorzugt und mit der Hälfte des Nachlasses bedacht werden solle, dann besprachen sie ihre eigenen Anteile, und hier wurden ihre Ausdrücke knapp und ihre Stimmen hart, ihre Ansprüche gewannen rasch an Bestimmtheit und persönlichem Charakter, und sie redeten gleichzeitig und aufeinander ein.

Müßlein, dessen nicht ungewohnt, trieb sie immer wieder auf das Spielfeld seiner Vorschläge zurück, worüber der Nichte schließlich die Geduld riß. Sie schlug mit Schwung den Trauerschleier zurück, um ihren Tanten jeden Zweifel – wenn ein solcher etwa bestanden haben sollte – darüber zu nehmen, daß leidvolles Trauern ihre Urteilskraft und Energie nicht schwäche. Diese blieben hinter der jungen Person, deren Anmaßung sie empörte, nicht zurück, und es entstand ein Stimmengewirr, bei dem offenbar niemand mehr Wert darauf legte, vom andern verstanden zu werden.

Franz Seraph saß völlig unbeteiligt auf seinem Stuhl und redete kein Wort. Ihm war es gleichgültig, was aus dem Nachlaß seiner Resi ihm zufiel. Was ihm von ihr geblieben war, konnte ihm keiner nehmen, wollte auch keiner haben. Das allein aber bedeutete etwas für ihn, sollten die Weiber streiten, soviel sie wollten. Er dachte sich, daß seine Frau da neben ihm sitze und ihre Hand in die seine lege und ihn gut anschaue, zur Versicherung, daß es am schönsten sei, zu wissen, daß man zusammengehört über alles Geld und Sach hinweg, und in diese Gedanken versank er so sehr, daß er überhaupt nichts mehr hörte von dem, was da vorging.

Heberschlag dauerte die Verhandlung zu lange, bedeutsam befragte er seine Taschenuhr nach der Zeit. Müßlein beendigte daraufhin mit einigen streng juristischen, den Frauen unverständlichen Wendungen den Streit und schrieb das Ergebnis der Verhandlungen, wie er es für billig und einigermaßen gerecht hielt, nieder.

Die Frauen, bei zurückgeschlagenem Visier, waren verstummt, Heberschlag aber, als er Müßlein schreiben sah, erhob sich, schritt im Zimmer auf und ab, öffnete den Garderobeschrank und sah gedankenvoll hinein, trat, die Hände auf dem Rücken, an das Fenster, hinter dem nichts zu sehen war als eine stumpfe Mauer – und niemand konnte im Zweifel sein, daß er, der Richter, w a r t e t e .

Dann stand Müßlein auf, den Erben bedeutend, daß sie ein Gleiches zu tun hätten, und begann das Protokoll zu verlesen. Heberschlag, abgewandt am Fenster stehend, hörte das verwundert. Er fühlte sich zurückgesetzt, denn vor der Verlesung des Protokolls lag der Zeitpunkt seines Auftretens. Dieser Müßlein wollte ihm offenbar über den Kopf wachsen. Zugegeben, daß er ordentlich bearbeitete, was man ihm übergab, aber das gab ihm kein Recht, sich aufzuspielen, als ob er der Richter wäre. Wie die Erben demütig und ehrfürchtig vor ihm standen – nein, mein lieber Müßlein, so geht das nicht. Du mußt in deine Schranken zurück, und das schleunigst.

Aber behutsam – Heberschlag parierte sich selbst durch und mahnte sich zur Besonnenheit –, mit einem vergrämten und aufsässigen Aktuar konnte er nicht arbeiten, und ein Wechsel: er kannte die Bitternisse, die ein solcher im Gefolge hatte.

Heberschlag schließt diese unbehaglichen Überlegungen ab und schreitet in einem kurzen Bogen, die Stirne bedrohlich gefaltet, die Hände bereit zum Griff an den Schnurrbart, langsam auf die Leidtragenden zu. In diesem Augenblick gibt Franz Seraph Lindinger zum ersten Mal, seit er das Zimmer betreten hat, einen Laut von sich. Der Umstand, daß er stehend das Protokoll anhören muß, hat ihn zu einiger Aufmerksamkeit angeregt. Er bemüht sich zu erfassen, was da vorgelesen wird, es gelingt ihm auch, und mit müdem Erstaunen vernimmt er, was er seinen Schwägerinnen und der spitzzüngigen Nichte, dieser vor allem, herausgeben soll von dem, was seine Frau und er zusammengespart haben, und daß sie Miteigentum an seinem Hause erwerben. Das gibt ihm doch einen merklichen Stich. Ja, Resi, was sagst denn du dazu, denkt er – und schon hat er den nächsten Satz des Protokolls überhört. Bescheiden bittet er den Aktuar, den letzten Satz zu wiederholen, er habe ihn nicht verstanden.

Da aber tritt Heberschlag auf. Er hat von den Verhandlungen zwischen Müßlein und den Erben nichts weiter aufgenommen, als daß sie lebhaft waren und daß gestritten worden ist, was ihm aber durchaus genügt, um jetzt seine richterliche Autorität zur Geltung zu bringen. „Ich habe Ihnen nun lange genug zugehört", dröhnt es auf Franz Seraph los, „meine richterliche Geduld ist zu Ende. Obwohl ich Sie aufmerksam gemacht habe, daß ich freiwillig als Richter tätig bin, glauben

Sie, meine Gutmütigkeit mißbrauchen zu können. Ich bin ein guter Mensch", – hier beginnt er zu schreien, selbst die Nichte erblaßt – „aber ich kann auch anders, und mit Widerspenstigen werde ich fertig. Was fällt Ihnen eigentlich ein? Ist das vielleicht Ihre Trauer, daß Sie bei Gericht die ganze Zeit mit den wehrlosen Frauen streiten und Ihnen Schwierigkeiten machen wollen? Wenn Sie nicht zufrieden sind, dann scheren Sie sich hinaus, machen Sie mir nicht länger Arbeit, ich habe mich genug mit Ihnen herumgeplagt. Sie brauchen mir nichts mehr zu sagen – ich habe alles gehört – noch ein Wort des Widerspruchs, und ich schließe die Verhandlung und lehne jede weitere Mitwirkung bei der Nachlaßauseinandersetzung ab. Dann suchen Sie Ihr Recht, wo Sie wollen, aber nicht mehr bei mir –".

Heberschlag hält inne, betrachtet die Wirkung seines Auftritts – und ist befriedigt. Müßlein macht keine Miene, der Wahrheit zu Hilfe zu kommen, nicht etwa aus Furcht vor Heberschlag, sondern weil er weiß, daß der zornige Lärm nichts bedeutet und keinen langen Atem hat. Die drei Frauen zittern. Die Gewalt dieser Stimme bestürzt sie, und sie befürchten, daß der erboste Mann, seines Irrtums gewahr, sich gegen sie kehren und ihnen die Beute wieder entreißen wird. Sie senken ihre Blicke zu Boden und rühren sich nicht, um ja die Aufmerksamkeit nicht auf sich zu lenken. Franz Seraph Lindinger aber steht wie vom Blitz getroffen, er begreift den ganzen Vorgang nicht.

Heberschlag wartet eine Weile, den Schnurrbart bebend in den Händen, dann nickt er dem Aktuar zu, dieser verliest bei Totenstille im Zimmer das Protokoll zu Ende, alle Anwesenden unterschreiben der Reihe nach, dann steht Franz Seraph Lindinger auf der Straße und schaut den wehenden Trauerschleiern der Frauen nach, unschlüssig, wohinaus er gehen soll.

Er versucht, als er spät und müde allein zu Hause sitzt, mit dem Unwetter, das er erlebt hat, zurecht zu kommen. Vergeblich. Er muß einsehen, daß er mit seinen Gläsern den Dingen dieser Welt nicht auf den Grund sehen kann.

Mai 1945

Mit dem Frühjahrswetter war es im Oberland so bestellt: zu Ostern ausgewachsener Frühling, eine Woche später ein Abschnitt Winter, kurz darauf warmer Föhn, der die vertrauensselige Obstblüte herauslockte, zu frühem Tode; nach einigen weiteren Wochen ein bösartiger, hartnäckiger Nachwinter, mit eiskalten Regengüssen im Vorland und schweren Schneefällen in den höheren Lagen.

In diesen Tagen trieben – wie welkes Laub im Sturm – ungezählte Scharen deutscher Soldaten auf der Flucht vor den andringenden Amerikanern regellos durchs Land den Bergen zu. Gleichzeitig tauchten SS-Truppen auf mit Geschützen und reichem Troß, um, wie sie erklärten, eine Verteidigung aufzubauen.

Dieser wilde Spuk dauerte indessen nicht lange. Mit dem Einrücken der Amerikaner jagte er weiter und verlor sich so rasch, als er gekommen war. Die angekündigte Verteidigung flackerte da und dort auf, vermochte nicht das geringste aufzuhalten, reichte aber hin, noch einiges sinnlose Unheil anzurichten.

Die amerikanischen Soldaten fanden bei der Bevölkerung des Oberlandes keinerlei Widerstand vor, nicht einmal Furcht, sie waren also aller kriegerischen Mühen enthoben. Gleichwohl gebärdeten sie sich, wenn sie von ihren Panzerwagen stiegen und Häuser und Gehöfte nach deutschem Militär und nach Waffen absuchten, manchmal rauh und heftig. Das wäre sicherlich nicht immer geschehen, wenn sie hätten verstehen können, was die Bauern ihnen sagten. Im Grunde konnten beide Teile zufrieden sein, es hätte alles viel schlimmer gehen können.

Hinten in Bad Kreuth, wo sich der Winter von je besonders wohl fühlt, liegt Anfang Mai tiefer Schnee. Er zehrt hart an den Kräften der wandernden Soldaten, die auf ihrer Flucht dorthin sich verlaufen. Erschöpft fallen sie in die wenigen Behausungen ein, glücklich, auf kurze Zeit ein Dach über dem Kopf zu haben und etwas ausruhen zu können.

Am Rande des Hochfelds, gegen die Wolfsschlucht zu, feuern einige SS-Geschütze ins Tegernseer Tal. Als sie Antwort bekommen, verstummen sie sogleich und machen sich davon; ein Haus hinter dem Kurgebäude brennt lichterloh. Kurz darauf ziehen auch alle Soldaten, die zur Rast eingefallen sind, wieder ab.

Und jetzt liegt eine Stille über dem versteckten Erdenwinkel, wie seit Jahren nicht mehr.

Der Kiem Pauli steht am Fenster seiner Stube und schaut den dunklen Fetzen Rauches zu, die im trüben Wintermorgen von der Brandstätte über das Schneefeld schwanken. Seine Stube, seit einer Woche Herberge durchwandernder Soldaten, hat er, so gut es gehen mochte, aufgeräumt. Jetzt ist er müde und wartet. Seine Gedanken läßt er kommen und gehen, wie sie wollen, er beachtet sie kaum, wie es halt ein müder Mensch macht.

Von Scharling herein hört er Schießen, er wird nicht mehr lange zu warten brauchen.

Wird er seine Lebensarbeit, die einfachen Menschen seiner Heimat wieder mit ihren Liedern zusammenzubringen, noch einmal aufnehmen können, oder ist auch da alles in der Wurzel zerstampft und verwüstet, was er mühsam gesät und was schon so glücklich aufgeblüht war? Mein Gott, waren das köstliche Arbeitsjahre, wie es rundum im Lande zu singen angefangen hat.

Da stäuben vorn, wo der Weg von der Talstraße ins Hochfeld mündet, Schneefontänen auf. Während er sich noch bemüht, zu sehen, was da kommt, entsteht am Hauseingang ein Gerumpel und Getrampel, gleich darauf kracht die Stubentür auf, und schwerbewaffnete amerikanische Soldaten drängen herein. Sie füllen die ganze Stube aus und suchen aufgeregt und lärmend herum. Unverkennbar sind sie zornig und willens, ihren Zorn an jemandem auszulassen. Einer fällt mit wilder Rede den Pauli an, woran dieser ihn als militärischen Vorgesetzten erkennt.

Der Pauli, der englischen Sprache völlig unkundig, versteht kein Wort von alldem, was der wütende Offizier auf ihn einredet. Wenn er sich nur verständlich machen könnte – obzwar doch eigentlich ein Blinder sehen muß, daß er ein friedlicher Mann ist und seine Stube kein Hinterhalt. Die Amerikaner aber bemerken das offenbar nicht, sie behandeln ihn wie einen höchst gefährlichen Feind, fuchteln mit ihren Waffen herum und schreien durcheinander – langsam wird ihm unbehaglich. Irgend etwas muß geschehen, so stumm und untätig kann er nicht stehenbleiben.

Da nimmt er seine Zither von der Wand, streift den Ring an den Daumen, setzt sich an seinen Tisch und beginnt zu spielen. Ein Präludium zuerst, in seltsamen Akkordenfolgen – es fällt ihm bei Gott nicht ein, was er denn nun spielen soll –, allmählich entsteht der Anfang eines Landlers, er ist zufrieden und läßt dem Landler seinen Lauf. Er sitzt mit dem Rücken zu den Soldaten, deren Heftigkeit noch nicht nachgelassen hat; in seinem grauen Janker sitzt er da, leicht über das Instrument gebeugt, und schaut seinen Händen zu, wie sie ohne ihn gelassen und sicher ihre Arbeit tun, und wartet auf den Schlag, der nun doch über ihn hereinbrechen wird. Er hat keine Hoffnung, mit dem Zitherspiel dem lodernden Zorn der amerikanischen Krieger Herr zu werden – die Zither ist ein leises Instrument –, er spielt eigentlich nur für sich, um sich von seiner Hilflosigkeit abzulenken und Haltung zu bewahren. Aber siehe da, das Spiel, dem er sich ein Leben lang hingegeben hat, erweist sich jetzt dankbar. Es lächelt ihm vertraulich zu und zieht ihn freundlich an sich. So vergißt er langsam seine ungemütliche Lage. Der Frost der Aufregung verliert sich, er kommt wieder zu sich selbst zurück, und schon bemächtigt er sich seiner Hände und läßt die Zither nach seinem Willen klingen und singen. Alte bayerische Landler wiegen sich in verhaltenem Schwung durch die Stube, Volksliedermelodien mischen sich drein. Das ist die Heimat, in der man geborgen ist.

Er merkt gar nicht, daß der Lärm um ihn sich immer mehr legt, erst als es ganz still geworden ist, schaut er auf und sieht, daß sich der wütende Offizier einen Sessel an seine Seite gezogen hat und daß alle Soldaten um ihn herumstehen, ihre Waffen im Arm, und ihm zuhören.

Jegliche Unruhe ist aus der Stube hinausgezaubert, er spürt es, auch in sich selbst. Er sitzt jetzt mit freundlichen Männern zusammen, die an der Musik ihre Freude haben wie er auch.

Aber immerhin – wie soll's weitergehen, da sie nun einmal nicht miteinander reden können?

Als er eine kurze Pause macht, rufen sie ihm alle zu, laut, aber nicht mehr wild, er versteht natürlich die Worte nicht, aber er weiß, sie fordern ihn auf, fortzufahren.

Er läßt sich nicht lange bitten – wann hätte er das je getan? – und spielt weiter, Hirtenlieder, Almlieder, langsame Landler – wie lange soll er nun fortspielen? Seine Gäste rühren sich nicht.

Da sieht er an seinem Fenster einen Freund vorbeigehen, der kommt zu ihm, dessen ist er sicher – nun ist er gerettet, denn der, ein alter Amerikafahrer, kann englisch sprechen wie ein Buch. Richtig schaut er auch schon zur Tür herein, der Pauli bricht sein Spiel ab und erklärt ihm die Lage. Und der Freund beginnt auch sogleich, höflich in Ton und Gebärde, ein Gespräch mit den amerikanischen Kriegern, voll dankbarer Bewunderung liest ihm der Pauli die unverständlichen Worte vom Munde ab.

Aber irgend etwas geht nicht richtig. Denn im Handumdrehen springt der Offizier in die Höhe, mit rotem Kopf und bösem Gesicht, die Soldaten geben unverkennbare Zeichen von Ungeduld und neuem Kampfeswillen, und schon ist die Stube wieder voll Geschrei. Paulis Freund verstummt rasch, rührt sich nicht, hört aber den Amerikanern, die ihn umringt haben, mit verbindlicher Aufmerksamkeit zu. Pauli, außerhalb des Kreises am Fenster lehnend, verfolgt etwas ängstlich die wiedererwachte Aufgeregtheit der lauten Männer, seine Stube ist eng, und von den ihm kostbaren Dingen, die herumstehen, ist schnell etwas zerschlagen.

Plötzlich rollt der stürmische Haufen zur Stubentür hinaus und läßt den Pauli unbeachtet zurück. Der schließt die Türe, die jetzt in den Gelenken schlottert, und versucht, vergeblich übrigens, vom Fenster aus zu erkunden, wohin sich der Krieg, dessen verworrener Lärm noch zu ihm dringt, verzogen hat. Dann setzt er sich einen Augenblick zu der Zither, legt seine Hand auf ihre Saiten und denkt ein wenig nach. Diese Soldaten kommen doch aus Amerika, wo die Schlager wachsen, die er haßt und hinter denen er her ist wie hinter Ungeziefer, weil sie unsern jungen Leuten den Geschmack an sauberer Musik und dem Humor ihrer heimatlichen Lieder verderben. Schau einer an, man lernt nicht aus – schmunzelnd holt er seine Tabakspfeife, stopft sie, brennt sie an und ist nun wieder völlig im Gleichgewicht.

Am nächsten Tag hat sich das Wetter gewandelt. Vom wolkenlosen, tiefblauen Himmel hat sich warmes Sonnenlicht auf das Hochfeld ergossen, man kann dem Schnee zuschauen, wie er hinschmilzt, die Wände der Blauberge blenden geradezu, von der Traufe plätschert es unaufhörlich, der Frühling hat hereingefunden in das Hochfeld von Bad Kreuth.

Um die Mittagszeit erscheinen die Amerikaner von gestern vollzählig beim Pauli. Sie rennen diesmal die Türe nicht ein, tragen keine Maschinenpistolen im Arm, schreien und lärmen nicht, sondern grüßen den Pauli freundlich. Was sie reden, versteht dieser heute auch noch nicht, aber was sie wollen, weiß er gut, und er läßt sich nicht lange bitten. Sie werden nicht müde, ihm zuzuhören, und er wird nicht müde zu spielen. Beim Abschied reden sie freundlich und vergnügt zusammen, sie auf englisch und er auf altbayerisch. Die Worte klingen recht verschieden, lauten aber doch gleich. Denn in der Sprache des Herzens verstehen sich alle Menschen, die guten Willens sind.

„Wem Gott ein Amt gibt ...!"

Das Amtszimmer des Rektors des Humanistischen Gymnasiums liegt im ersten Stock des ehemaligen Jesuitenklosters – im Blickfeld seiner zwei nach Süden gerichteten Fenster befindet sich ein langgestreckter, mit Burganlagen versehener, dichtbewaldeter Hügel. Das Zimmer enthält einige dunkle Aktenschränke. Einer von ihnen ist in aller Regel geöffnet, er bietet gebrauchsfertig Schreibpapier und blaue Aktendeckel an. Zwei Bücherschränke enthalten für den Amtsbetrieb nötige, in blauen Einbänden gesammelte Dienstvorschriften, ältere mit sichtlich vergilbten Rändern und einige gut gepflegte, angriffslustige neueren Datums. Ein Stehpult in der Nähe der Fenster empfängt das Tageslicht von der linken Seite. Auf seinem Bord steht ein Tintenglas, daneben eine Streusandbüchse; auf dem Pultdeckel liegt ein Stoß Schreibpapierblätter mit bedruckten Briefumschlägen.

In nächster Nähe, vom Pult aus mit zwei Schritten erreichbar, befindet sich eine Garnitur Plüschmöbel: ein Sofa an der Wand mit drei Stühlen ihm zur Seite. Der Plüsch, sauber gebürstet, ist an den Rändern etwas angebräunt, läßt aber das ursprüngliche feierliche Grün noch gut erkennen. Ein grüner Läufer ordnet den Zugang zum Pult. Dann steht noch ein schmaler Kleiderschrank, als solcher kaum erkennbar, dunkel in der Ecke neben der Eingangstüre und dicht daneben ein Kleiderständer, dem man einen Hut, notfalls einen leichten Mantel anvertrauen kann.

Dieses Zimmer dient dem Rektor zur Besorgung seiner Amtsgeschäfte. In einem ziemlich geräumigen Schulzimmer daneben finden die Lehrerkonferenzen statt.

Beide Zimmer zusammen bilden das Rektorat. Am Rektorat

vorbei zieht sich ein langer Gang mit Schulzimmern – er muß ohne störenden Lärm zurückgelegt werden, – die Lehrer und die Schüler wissen es. Im allgemeinen findet sich im Rektorat nur ein, wer dorthin gerufen wird – eine Ausnahme bildet der Pedell. Der Rektor hat sich gegen zu häufige Besuche gesichert.

Der Pedell ist ein gedienter Wachtmeister eines bayerischen Reiterregiments, hat zwölf Jahre Dienstzeit und einen Lehrgang für den unteren Verwaltungsdienst hinter sich und ist für seine Obliegenheiten als Pedell wohlgeschult, ebenso für die persönliche Dienstleistung beim Rektor wie zur Überwachung der Disziplin und Ordnung im Schulgebäude. Seine Frau hält er vom Schulbetrieb fern. Es hat sich erwiesen, daß sie ihr rasches Temperament und ihre klangvolle Stimme nicht zu zügeln versteht, um so mehr, als es ihr schwerfällt, im Hintergrund zu leben; ihr Mann hat viel Mühe und Unannehmlichkeiten, die daraus erwachsen sind, schon zu bestehen gehabt.

Der Rektor wohnt nicht im Schulgebäude, sondern mit seiner Familie in einer angemessenen Wohnung in der Nähe. Seine Ferien verbringt er weitab in einem kleinen Dorf des Bayerischen Waldes, seiner Heimat. Dort ist es so still, daß er – wie er sagt – seine Nerven immer wieder aufladen kann. Größere Reisen macht er längst nicht mehr, seine Dienstzeit ist demnächst zu Ende. Er hat weder die Absicht noch den Wunsch, sich jetzt noch Aufregungen, für die sich immer wieder Gelegenheit bietet, auszusetzen. Seine Gesundheit ist beständig und kräftig, er trägt einen angegrauten Vollbart nach der Sitte der Zeit, das Haupthaar ist gelichtet, seine Augen sind wachsam und flink und gleichen die Schwerfälligkeit seines Körpers auf ihre Weise aus.

Er hält nichts von der unaufhörlichen Verbesserung der Methoden des Unterrichts, die bekanntlich auch vor den altphilologischen Fächern nicht haltmachen. Seine Stellung verdankt er seinen guten Unterrichtsergebnissen und seiner Bescheidenheit und Zuverlässigkeit im Verkehr mit den vorgesetzten Stellen.

Innerhalb des Schulbetriebes und der Ordnung des Lehrplans hat er sich für die Fächer des Altphilologen in der Oberklasse eingeteilt. Das Amt des Klassenleiters aber hat er einem älteren Kollegen übergeben, der die Möglichkeit, Leiter eines Gymnasiums zu werden, versäumt hat, der sich zudem mit einem kranken Magen abfinden muß.

Bei seinen Schülern ist der Rektor sehr beliebt. Er ist in seinen Anforderungen an die Leistungen der Schüler nicht pedantisch. Im Unterricht nimmt er auf die Bequemlichkeit der Schüler ebenso Rücksicht wie auf seine eigene. Er hält sich für seine Person nicht sklavisch an das Pensum des vorgeschriebenen Lehrplans, sondern teilt den Schülern viel Lebensweisheit, und zwar praktisch erprobte, im täglichen Unterricht mit.

Beim Ministerium ist er gut angeschrieben, da er die Beamten dieses Ministeriums nicht mit Ansprüchen und Forderungen belästigt. Er weiß auch, daß Anweisungen des Ministeriums nicht in allen Einzelheiten ausgeführt werden wollen. Wesentlich ist, daß er sie widerspruchslos entgegennimmt. Er verschafft sich damit die Möglichkeit, viel Autorität zur Geltung zu bringen, ohne damit aufdringlich zu sein.

Als er heute, Anfang März, sein Amtszimmer betritt, überzeugt er sich zunächst, daß alles am gehörigen Platz auf ihn wartet. Nach einem Blick durch die Fenster auf die im Wald eben erwachenden Frühlingsäußerungen beginnt er mit einem etwas kummervollen Seufzer den aufgestapelten Einlauf zu öffnen und durchzusehen.

Nicht lange, und er wird durch ein zwar bescheidenes, aber doch nachdrückliches Klopfen an der Tür gestört. Er überlegt sich, ob er es hören soll oder nicht – da es sich aber wiederholt, antwortet er ohne Stimmaufwand: „Herein." Es erscheint der Pedell, der einen fremden Herrn an sich vorbei ins Zimmer eintreten läßt, und händigt dem Rektor eine Besuchskarte aus, der sie seinerseits nach einem flüchtigen Blick auf das Pult legt, seine Lesebrille auf die Stirn schiebt und dem Besucher achtsam entgegengeht.

Vor ihm steht der deutsche kaiserliche Generalkonsul von Togo, ein hochgewachsener, schlanker, braungebrannter Herr, schütteren blonden Haares, unbestimmbaren Alters, in verblüffend eleganter Kleidung. Der alte Rektor, durchaus bereit, alles an Respekt und Verbindlichkeit herzugeben, wessen er fähig ist, hört nun aus dem Mund seines Besuchers, dieser käme aus einer ihm von dem Herrn Minister des königlichen Hauses und des Äußeren vermittelten Unterredung mit dem Herrn Kultusminister, der ihn mit der Bitte um Übermittlung von Grüßen hierher verwiesen habe, auch gestattet habe, zum Ausdruck zu bringen, daß er, der Minister, es als Freundlichkeit empfinden würde, wenn der Bitte um Aufnahme seines, des Besuchers, Sohnes Rudolf in die Oberklasse des Gymnasiums entsprochen werden könnte, woran ja wohl auch kaum zu zweifeln wäre – hier muß der kaiserliche Generalkonsul, ob er wollte oder nicht, von einem Stirnrunzeln des Rektors Kenntnis nehmen.

Die beiden Herren nehmen Platz. Der kaiserliche Generalkonsul händigt dem Rektor ein verschlossenes Schreiben des Kultusministers aus, das dieser öffnet und unverzüglich sorgfältig studiert. Jetzt fragt er mit einem etwas mühsam zur Höflichkeit gezwungenen Ton nach dem bisherigen Schulbesuch des jungen Mannes. Ein solcher könne, erwidert der Vater, nun freilich nicht aufgewiesen werden. Er selbst sei in diplomatischen Diensten des Deutschen Reiches seit Jahren auf stets wechselnden Posten im Ausland verwendet gewesen, ohne die Möglichkeit, seine Familie ständig bei sich zu haben und sich zusammenhängend um die Erziehung der Kinder persönlich zu kümmern. Mit einem leicht wehmütigen Lächeln bemerkt er nach einer kurzen Pause, den Blick durch das Fenster auf den hügeligen Wald gerichtet: „Wir deutschen Beamten im Ausland tun, was uns möglich ist, schon um den Zusammenhang mit der Heimat nicht zu verlieren. Rudolf, unser Ältester, den wir Ihnen anvertrauen wollen, hat sich bisher als bildungsfähiger junger Mensch erwiesen, wie mir seine Lehrer versichern. Seine Lektüre habe ich selbst zu leiten und zu überwachen versucht – indessen, wer könnte die Schwierigkeiten auf diesem Gebiet sicherer und besser beurteilen als Sie, verehrter Herr Rektor." Hier ist zu bemerken, daß dieses Kompliment bei dem guten Rektor nicht die Aufnahme erfährt, die der kaiserliche Generalkonsul wohl erwartet hatte.

„Ich bitte zu bedenken", fährt er fort, „daß unser gesellschaftlicher Verkehr es verlangte, mit Europäern vieler Länder verbindlich umzugehen, so daß Rudolf auch mit den europäischen Sprachen, soweit sie nicht Gegenstand des Schulunterrichtes sind, umzugehen lernen mußte. Der junge Deutsche im fremdsprachlichen Ausland wird besonders streng beurteilt. In der Auswahl der Lehrer waren wir natürlich beschränkt. Wir mußten darin bescheiden sein, konnten uns aber glücklich preisen, treffliche Persönlichkeiten für den Unterricht jeweils gefunden zu haben. Die deutschen Lehranstalten bewähren sich doch überall in der Welt."

„Ich habe Rudolf, der mit der englischen, französischen und spanischen Sprache umzugehen versteht" – der Rektor hat das Empfinden, dieser Umstand werde vielleicht zu sehr betont –, „in Latein und Griechisch und den übrigen Fächern nach dem Lehrplan der bayerischen humanistischen Gymnasien, auf denen auch ich erzogen worden bin, unterrichten lassen, und seine Lehrer haben ihm ein gutes Zeugnis ausgestellt. Im Kultusministerium hat ein Kolloquium stattgefunden, in dem die Kenntnisse von Rudolf obenhin geprüft worden sind. Das Ergebnis hat einen guten Eindruck gemacht. Der Referent hat aber darauf hingewiesen, daß es wohl zweckmäßig sei, wenn Rudolf, der eben achtzehn Jahre geworden ist, noch bis zum Sommer an dem regelmäßigen Unterricht Ihrer Oberklasse teilnehme und mit dieser zusammen dann die Absolutorialprüfung ablege." Im übrigen, schloß er seine im verbindlichen Ton gemachten Ausführungen, habe er sich erlaubt, seinen Sohn gleich mitzubringen, der draußen auf dem Gang warte und bitte, sich vorstellen zu dürfen.

Der Rektor sieht mit Befriedigung, daß ihm hier manche Arbeit der Vorbereitung für seine Entscheidung abgenommen ist, und so erhebt er sich, verabschiedet sich von seinem Besucher und läßt den jungen Mann hereinkommen, der, seines Vaters würdig, weltgewandt, respektvoll, mit eleganter Bescheidenheit dem Rektor gegenübertritt.

Es entspricht nicht dessen Gewohnheit, Schüler aufzufordern, sich in seiner Gegenwart zu setzen – hier aber geschieht es, und der Rektor richtet einige Fragen an den jungen Exoten, auf die er sofort befriedigende Antworten erhält, was ihn, dergleichen nicht gewohnt, etwas verblüfft. Er fragt nach dem Zimmer, das für den jungen Mann gemietet worden ist, und erfährt, diese Sorge habe der Religionslehrer auf sich genommen. Er fühlt sich für den Augenblick aller Schwierigkeiten enthoben, entläßt den jungen Mann und bittet für den nächsten Tag durch den Pedell den Ordinarius der Oberklasse zu sich zu einer Besprechung. Ihm überträgt er die Durchführung der Aufnahmeprüfung und macht ihn aufmerksam, daß er einen Prüfling vor sich habe, dergleichen an seinem Gymnasium selten sei und dessen ganze Art zur Vorsicht mahne. Darauf müsse bei der Prüfung wohl Rücksicht genommen werden. Ein zu großes oder zu sichtbares Entgegenkommen empfehle sich nicht. Gleichzeitig schickt er einen Bericht an das Kultusministerium unter Beigabe der erforderlichen Personalangaben.

Nach drei Tagen schon erhält er das Ergebnis der Prüfung mitgeteilt, und er traut seinen Augen nicht, so glänzend ist es ausgefallen. Um so mehr ist er verblüfft, als ihm nun der Vorsitzende der Prüfungskommission erklärt, der Prüfling könne nicht in die Anstalt aufgenommen werden, alle Kollegen seien darin einer Meinung, und die für heute nachmittag angesetzte Konferenz werde das erweisen. Er halte sich für verpflichtet, einen bezüglichen Antrag zu stellen, obwohl er alle Zusammenhänge wohl kenne. Der Schüler leide offensichtlich an dem Mangel einer straffen Erziehung an einer Unterrichtsanstalt und sei, vielleicht deshalb, ein äußerst anmaßender und selbstbewußter Bursche. Der Prüfungsaufsatz sei dessen ein klares Zeugnis. Das Thema habe, wie es besprochen worden sei, gelautet: „Wem Gott ein Amt gibt, dem gibt er auch den Verstand." Diesen Text habe der junge Mensch umgeformt in „Wem Gott ein Amt gibt, dem nimmt er dafür den Verstand", und diesen Satz habe er geradezu pedantisch analysiert und an einer Reihe von Beispielen aus der Vergangenheit und Gegenwart erörtert. Freilich sei der Aufsatz mit großem Schwung geschrieben, was man aber angesichts des Themas, wie es umgestellt worden sei, als ungehörig und für ein deutsches Gymnasium unmöglich zu dulden bezeichnen müsse. Der Verfasser müßte, wenn er heute schon Schüler der Anstalt wäre, auf der Stelle dimittiert werden, er stelle eine Gefahr für alle anderen Schüler dar, gerade auch deshalb, weil er über den Durchschnitt hinaus gescheit sei und sehr gute Kenntnisse in allen Fächern besitze. –

„Also doch", denkt der erschreckte Rektor, „es wäre ja auch zu seltsam, wenn diese Prüfung glatt verlaufen wäre", und er sieht den amtlichen Briefwechsel, der ihm nun bevorsteht, überdeutlich schon vor sich. Aber zunächst einmal will er die Arbeiten der Prüfung, vorab den Aufsatz, selbst sehen.

Er muß das Urteil der Prüfungskommission bestätigen, der Aufsatz im besonderen ist gut disponiert; alles ist erfüllt, was die Schule verlangen kann. Die bei Schülern aus dem fremdsprachigen Ausland üblichen Mängel in Satzbau und Rechtschreibung sind nicht vorhanden, und stofflich – der alte, in ungezählten Prüfungen gehärtete Rektor schmunzelt befriedigt.

Er beauftragt den Pedell, den Schüler unverzüglich herbeizuholen. Nicht lange, und dieser steht in bescheidener, aber, wie dem Rektor jetzt scheint, vielleicht zu selbstbewußter Haltung vor ihm. Auf die Frage, wie er zu dem Aufsatz gekommen sei, bekommt er die Antwort, er habe das Thema bearbeitet, wie es gestellt worden sei. Auf die weitere Frage, ob er denn nicht gesehen habe, daß ein Irrtum unterlaufen sein müsse, erhält er die Erklärung, zwar habe er sich über die schroffe Behauptung des Themas gewundert; allein er habe sich überlegt, daß von ihm die Darstellung von Fällen verlangt wird, in denen das Urteil über die Eignung des zum Amt Erkorenen sich nicht bestätigt habe. Es komme doch vor, daß jemand sich bei der Bewerbung um ein Amt als fähiger Bewerber zeige, was noch keineswegs beweise, daß die Fähigkeit für das Amt wirklich vorhanden sei. Es sei eben doch ein anderes, theoretisch und in eigener Sache sich über eine Aufgabe zu äußern, kritisch gleichsam, und sich dann in der praktischen Durchführung zu bewähren. Zudem habe er sich erinnert an eine Bemerkung, die ihm gegenüber gemacht worden sei – ohne daß er sagen könne, von wem sie stamme –: er solle sich bei allen Prüfungen davor hüten, dem Sinn einer an ihn gestellten Frage allzusehr nachzuforschen, das immer Unsicherheit verrate. Und da er bei kurzem Nachdenken eine ganze Reihe von geeigneten Beispielen aus der Geschichte, der Literatur und dem Leben der Gegenwart gefunden habe, habe er nichts Verwunderliches mehr in der Aufgabe, sie darzustellen, gesehen. Er habe ja auch so viele verschiedene Lehrer gehabt, und die ihm jetzt für den Aufsatz zur Verfügung gestellte Zeit habe ihm zu längeren Überlegungen keine Zeit gelassen.

Hier nimmt der Rektor die Führung des Gespräches wieder an sich. Er hat genug gehört und will sich auf Erörterungen nicht einlassen. Er fragt jetzt über Togo, da er sich dort gar nicht auskenne, erfährt bei dieser Gelegenheit, daß Rudolfs

Familie nach Quito übersiedle, im Bergland von Ecuador, und seit gestern dorthin unterwegs sei. Er läßt sich über dieses seltsame Land noch einiges erzählen und beendet damit die Aussprache. Sein Eindruck von dem jungen Mann ist so günstig, daß er entschlossen ist, ihn unter allen Umständen in seine Oberklasse aufzunehmen. Das ist nun freilich nicht so einfach, als es zunächst den Anschein hat. Er muß seine Auffassung im Kollegium der Lehrer sehr verteidigen. So verschieden auch die Meinungen der jungen und älteren Lehrer sich in der Regel erweisen, heute und für diesen Fall sind sie einig und zunächst durch keinen Hinweis auf den Gesamteindruck der Leistungen umzustimmen. Die Konferenz nimmt also viel Zeit in Anspruch, und der Rektor muß die Erfahrungen eines langen Berufslebens zu Hilfe nehmen, um sich durchzusetzen. Immerhin aber setzt er sich durch. Das Ministerium bestätigt schließlich seine Auffassung, und Rudolf wird aufgenommen. Er rechtfertigt die gute Meinung, die der Rektor von ihm gewonnen hat, und überzeugt während des noch abzuleistenden Schuljahres auch die meisten Lehrer, die mit ihm zu tun haben. Sein Aufsatz geht in die Akten des Gymnasiums und des Ministeriums ein und bleibt dort in der santa casa heiligen Registern aufbewahrt.

Der alte Rektor hat mir, nachdem er aus dem Amt geschieden war und wieder in seinem Heimatdörflein lebte, wo ich ihn einmal aufgesucht habe, nicht ohne Genugtuung von dieser Begebenheit erzählt. Als Beispiel dafür, daß man bei jungen Menschen nicht vorsichtig genug im Urteil sein könne. Er habe wiederholt erlebt, daß sie eine Zukunft spüren, die noch gar nicht sichtbar sei und die ihnen späterhin zur Rechtfertigung dienen müsse.

Anhang

Zeittafel zu Leben, Werk und Nachwirkung

1884: Wilhelm Diess wird am 25. Juni 1884 um 1/2 2 Uhr morgens im alten, 1818 erbauten Schulhaus von Höhenstadt bei Passau (ab 1925 Bad Höhenstadt) geboren und am selben Tag getauft. Im Taufbuch wird der Familienname mit „ß" geschrieben, seit den 20er Jahren verwendet Diess die Schreibung mit „ss". Der Vater Johann Nepomuk Diess (1845-1902), bei der Geburt des Sohnes 39 Jahre alt, ist seit 1879 Lehrer und Schulleiter im Ort und versieht daneben den Gemeindeschreiber- und Kirchendienst, wozu auch die Kirchenmusik gehört. Die Mutter, Maria Diess, geborene Hack (1847-1915) ist 37 Jahre alt und hat im Schulhaus einen kleinen Laden eingerichtet, in dem sie Hafnerware zum Verkauf anbietet. Wilhelm Diess hat zwei ältere Schwestern, die später Volksschullehrerinnen werden. Die große Schwester, Maria, ist 10 Jahre älter als er, vor allem mit der kleineren, Elise, die nur 1 1/2 Jahre älter ist, verbringt er die frühen Jahre der Kindheit in dem beschaulichen niederbayerischen Dorf, das aber durch den lebhaften Betrieb in dem bekannten Schwefel- und Moorbad doch etwas ganz besonderes aufzuweisen hat und für den aufgeweckten Buben viel "Anschauungsunterricht für das Leben" bietet.

1890: Johann Nepomuk Diess wird als Lehrer und Schulleiter nach Pocking versetzt. Wilhelm Diess besucht dort bis 1894 die Volksschule und bekommt vom Vater zusätzlich Unterricht in Gesang, Klavier und Geige.

1894: Wilhelm Diess tritt in das Humanistische Gymnasium Passau (heute "Leopoldinum") ein. Das Heimweh plagt ihn dort so sehr, daß er nach Erhalt einer Schulstrafe in einer Winternacht nach Pocking zurückläuft, in die "Zeit unbeschwertesten Glückes". Im Jahreszeugnis 1894/95 ist zu lesen, daß das Betragen des Schülers „nicht tadelfrei" gewesen ist. „Der Schüler erhielt eine Rektoratsstrafe wegen Unterschriftfälschung und eine zweite wegen Raufens vor der Klasse und Fälschung des Wortlautes in einem Strafzettel."

1895: Wilhelm Diess kommt nach Landshut auf das Kgl. Humanistische Gymnasium, untergebracht ist er im Internat, dem Kgl. Studien-Seminar, wo er sich ab 1901 als Organist an der Studienkirche betätigt. Auf den Programmzetteln für Schulfeierlichkeiten in diesen Jahren findet sich der Name „Diess" immer wieder, als Klavier- und Violinspieler wie auch als Sänger. Ab 1902 ist Diess Stadtschüler und wohnt, wie Alfons Beckenbauer erforscht hat, in der Schirmgasse 270 bei der Gendarmeriekommandanteurswitwe Wackerbauer. Alfons Beckenbauer hat auch die Landshuter Schulzeugnisse von Wilhelm Diess untersucht. Danach waren seine Leistungen in den unteren Klassen durchwegs gut bis sehr gut, fielen in der Mittelstufe dann ab, so daß die 6. Klasse (heutige 10. Jgst.) wegen ungenügender Leistungen in Latein, Griechisch und Französisch wiederholt werden mußte. Aus den Gutachten der Klaßleiter: „In seinem Betragen zeigte sich außer verstecktem Mutwillen eine eigentümliche Scheu" (2. Klasse); Rüge für „das Unterfangen, einem Mitschüler in der Mathematikschulaufgabe unlautere Hilfe zuteil werden zu lassen." (4. Klasse); „Das sinnliche Temperament tritt bei ihm in den Vordergrund". (5. Klasse); „Für das Studium sowie für poetische Hervorbringung gut befähigt, bringt er beiden ein erfreuliches Interesse entgegen und was sein Verhalten in der Schule betrifft, so erwies er sich weit ernsthafter und angemessener, als der Ruf erwarten ließ, welcher ihm voranging."(7. Kl.); „Außerdem vertut er viel Zeit dadurch, daß er den Mädchen nachläuft und mit ihnen entweder zu Fuß oder zu Rad größere Ausflüge macht." (7. Klasse)

1902: Am 29.9.1902 stirbt der Vater. Die Mutter zieht zu ihrem Sohn nach Landshut. Wilhelm Diess gibt Nachhilfeunterricht, um die bescheidene Witwenpension der Mutter, 42 Mark im Monat, aufbessern zu können. Für ein „Maifest" des Gymnasiums am 27. Mai 1903 verfaßt Diess einen Prolog, den er auch selbst vorträgt.

1904: Wilhelm Diess macht sein Abitur. In seinem Zeugnis steht: „Unter seinen schriftlichen Prüfungsaufgaben hat der deutsche Aufsatz mehr der Form als dem Inhalt nach entsprochen; in der Religion erzielte er gute, in der Mathematik genügende und in den übrigen Gegenständen gute Leistungen. Während seines Aufenthalts an der Schule hat sein Fleiß befriedigt, das Betragen war tadellos". Er entschließt sich, Rechtswissenschaft zu studieren, nachdem ein Verwandter, ein Ministerialrat im Kgl. Bayerischen Finanzministerium, ihm ausdrücklich von diesem Studium abgeraten hatte, weil dieses Studium zu lange dauere und Diess weder Verbindungen noch Geld habe.

1904: Wilhelm Diess schreibt sich an der Universität München für Rechtswissenschaft ein, hört aber auch Vorlesungen über altorientalische und altnordische Sprachen. Er wohnt bei seiner Mutter in einer Dreizimmerwohnung in einem Rückgebäude in der Türkenstraße. Zwei der Räume werden an Studenten untervermietet. Diess selbst gibt weiter Nachhilfestunden und verdient durch Geige- und Orgelspiel sowie Singen in Kirchenchören, später im Opern-Aushilfs-Chor, etwas hinzu. „Immerhin verblieben mir wöchentlich 2 Mark Taschengeld". (Lebensbericht) Vom üblichen Hörgeld ist er befreit, vom Militärdienst wird er, als einziger Sohn einer Witwe, zurückgestellt und der Ersatzreserve zugewiesen.

1908: Zum ersten überhaupt möglichen Termin macht Diess sein Universitäts-Schlußexamen und bekommt ein Stipendium, das Konrad von Maurer'sche Stipendium, das er zum Promovieren verwendet.

1909: Der „Rechtspraktikant am K. Landgerichte München I, Wilhelm Diess aus Höhenstadt" wird am 28. Mai 1909 zum Dr. jur. approbiert, nachdem er seine Dissertation der juristischen Fakultät der Friedrich-Alexander-Universität zu Erlangen vorgelegt hatte. Das Thema der Doktorarbeit lautet „Das Reichs-Vereinsgesetz vom 19. April 1908 und das Bayerische Vereinsgesetz vom 26. Februar 1850/15. Juni 1898. Eine Vergleichung" und umfaßt 59 Seiten. Michael Kobler hat 1981 die Dissertation von Wilhelm Diess analysiert, attestiert ihr „Scharfsinn und Gründlichkeit" und hebt hervor: „Diess sieht 'einen begrüßenswerten Fortschritt' im neuen Reichs- gegenüber dem älteren Landesrecht darin, daß sich Frauen nunmehr ohne Schranken an Vereinen und Versammlungen beteiligen können. Er begrüßt auch, daß politische Vereine nicht mehr dazu verpflichtet sind, 'der Distriktsbehörde auf Verlangen jede auf die Satzung bezügliche Auskunft zu erteilen' und daß die Voraussetzungen für die Auflösung von Vereinen enger ge-

faßt und präzisiert wurden. Auch die Regeln für den Ablauf von Versammlungen ‘sind zum großen Teil für Bayern Neuerungen und zwar im fortschrittlichen Sinn’. Ebenso beurteilt Diess mit eingehender Begründung die Strafbestimmungen des neuen Gesetzes. Dagegen bedauert er, daß noch immer nicht die Versammlungs- und Vereinigungsfreiheit jedermann garantiert wird, diese durch Dienstverträge eingeschränkt werden könnte. Er hofft, ‘daß die Praxis Dienstverträge, die derartige Bestimmungen enthalten, für nichtig erklären wird’. Im Auge hat er ‘die Rechtsstellung der wirtschaftlich Schwachen’. In diesem Sinne kritisiert er, daß ‘Versammlungen der landwirtschaftlichen Arbeiter, der Handwerker, der Innungen etc.’ nicht von der Anzeigepflicht befreit wurden. Solche Ausstellungen stehen dem Gesamturteil nicht im Wege: ‘Unverkennbar bezeichnet das RVG gegenüber dem BVG einen Fortschritt’. Nicht ganz an Aktualität verloren hat die Beobachtung: ‘Vollkommen ist das RVG keineswegs; es ist ein Kompromißgesetz, und hat manche typische Schwäche eines solchen’. Die Tatsache, daß die gesetzgebenden Faktoren, insbesondere die politischen Parteien, in ihren ‘Interessen allzusehr mit der zu regelnden Materie verknüpft sind, hat verhindert, daß das RVG jenen Grad der Vollendung erreicht hat, den einzelne neuere Reichsgesetze aufweisen’.“
Während des Vorbereitungsdienstes an den Münchener Gerichten und Behörden kann Diess schon bald bei dem angesehenen Rechtsanwalt und Schriftsteller Dr. Max Bernstein als „Konzipient“ eintreten, was ihm 120 Mark Monatsgehalt einbringt.

1911: Diess macht das Staatsexamen, was er im Lebensrückblick so kommentiert: „Staatskonkurs, ohne Zeit vorher zu konzentrierter Vorbereitung. Ergebnis: gut - die Richterlaufbahn stand mir offen." Am 8.6.1912 bekommt er vom Präsidenten des K. Landgerichts München II die Zulassung zur Rechtsanwaltschaft. Schon im April 1913 wird Diess zur Staatsanwaltschaft des Landgerichtes Traunstein einberufen, er lehnt aber ab, da ihm Bernstein einen festen Platz als Anwalt in seiner Kanzlei anbietet.

1914-18: Kriegsdienst, vorwiegend an der Westfront; verschiedene Verwundungen und militärische Auszeichnungen; zu Beginn des 1. Weltkriegs kommt es zur ersten selbständigen, literarischen Veröffentlichung. „Feldblumen. Anspruchslose Lieder.", gedruckt von Herrosé und Ziemsen, Wittenberg. Die 47 Seiten umfassende Sammlung enthält Lieder, deren Melodien und teilweise auch die Texte von Wilhelm Diess stammen. 5.3.1915: Tod der Mutter Maria Diess in München; 18.7.1918: W. Diess heiratet in Hamm (Westfalen) die zwanzigjährige, in Essen geborene Elisabeth Gerson (26.6.1898 - 16.3.1980) aus Hamm inWestfalen; die Ehefrau, Tochter von Justizrat Ernst Gerson und seiner Frau Lotte, geb. Papendieck aus Hamm, ist eine ausgebildete Geigerin, nebenbei auch Malerin und Radiererin. Im Dezember 1918 wird Diess als Oberleutnant aus der Armee entlassen.

1919-1933: Geburt der drei Kinder Liselotte (Jg. 1919), Johannes (Jg. 1920) und Ursula (Jg. 1922); W. Diess eröffnet eine eigene, bald florierende Anwaltskanzlei in München und verzichtet endgültig auf die staatliche Anstellung als Richter; noch 1918 Wahl in den Vorstand der Münchner Anwaltskammer; neben der ihn sehr befriedigenden Tätigkeit als Anwalt beschäftigt sich Diess mit urheber-, theater- und standesrechtlichen Fragen, zu denen er mehrere Veröffentlichungen vorlegt; Robert Heinrich schreibt über diese Zeit: „Seine musischen Neigungen, vor allem seine Musikalität, und seine berufliche Spezialisierung auf das Urheber- und Verlagsrecht brachten ihn dem Kreis der Münchener Musiker, Schriftsteller und Verleger näher. Er war es, der den Dichter Ernst Penzoldt in dem berühmt-berüchtigten Prozeß um die Novelle 'Etienne und Luise' gegen den nationalistisch verrannten Turnlehrer Loch vor den Gerichten vertrat." Der Prozeß, der von 1929 bis 1932 dauerte, wurde zwar verloren, er begründete aber die lebenslange Freundschaft zwischen Wilhelm Diess und Ernst Penzoldt.

Für die Bayerische Staatsregierung und die Reichsregierung nimmt Diess als Vertreter der Anwaltschaft an Juristentagungen im Ausland teil; außerdem bekleidet er Ehrenämter verschiedener Art (z.B. als Syndikus des Reichsverbandes bildender Künstler), hält sich aber von parteipolitischem Engagement fern. Als Diess in den 20er Jahren seinen Regimentskameraden Adolf Hitler zufällig auf der Münchner Ludwigsstraße trifft und dieser ihn einlädt, doch eine seiner Parteiversammlungen zu besuchen, lehnt Diess dieses Ansinnen ab.

1925 kauft Wilhelm Diess einen kleinen Bauernhof, den Michlbauernhof auf der Eck bei Tegernsee, auf den er sich in der Freizeit zurückziehen und wo er auch selbst als Bauer tätig sein kann. Auf dem Hof sind oft viele Freunde aus der Gelehrten-, Dichter- und Künstlerwelt Münchens und Umgebung zu Gast: u.a. die Herzöge Albrecht und Ludwig-Wilhelm aus dem Hause Wittelsbach, der Volksliedersammler Kiem Pauli, die Schriftsteller Ernst Penzoldt, Richard Billinger, Josef Hofmiller, Eduard Stemplinger, Ernst Rosmer (= Elsa Bernstein), der Maler Thomas Baumgartner, der Bild-

hauer Hans Wimmer, der Verleger Ernst Heimeran.
Den Höhepunkt großer (z.B. Heimatliederfest 4./5. Juni 1932) und kleiner Feste auf der Eck bilden immer wieder die Geschichten, die der Hausherr und Gastgeber Wilhelm Diess an lauen Sommerabenden auf der Bergwiese zum besten gibt. Einige Jahre später werden daraus die "Stegreif-Geschichten", sein erstes Buch.

1933-45: Nach dem Machtantritt der Nazis wird Diess nicht mehr als Vertreter der Anwaltschaft bei Juristentagungen zugelassen und verliert sein Amt im Vorstand der Münchner Anwaltskammer, da seine Ehefrau halbjüdischer Herkunft ist und er selbst – nach Robert Heinrich – einer Freimaurerloge angehört. Als Anwalt kann er weiterarbeiten und veröffentlichen. In verschiedenen Aufsätzen (z.B. Persönliche vergleichende Reklame, 1936; Die Übergangsregelung des Gesetzes zur Verlängerung der Schutzfristen im Urheberrecht, 1936; Die Neugestaltung des deutschen Urheberrechts, 1939; Die Ablaufklausel im Bühnendienstvertrag, 1940) vertritt Diess, worauf wiederum Michael Kobler hingewiesen hat, konsequent und mutig seine Meinung gegen die herrschende NS-Ideologie. –
Der Verleger und Freund Ernst Heimeran, einer der Zuhörer von der Bergwiese auf der Eck, der die Erzählungen des Wilhelm Diess mitunter ohne Wissen ihres Schöpfers mitstenographieren ließ, kann diesen dazu bewegen, eine Buchfassung der Geschichten aus dem Stegreif zuzulassen. Zu Weihnachten 1935 kommt das Buch heraus, mit dem Erscheinungsjahr 1936: Stegreif-Geschichten, Ernst Heimeran Verlag München, 174 Seiten mit Zeichnungen von Fritz Fliege (d.i. Ernst Penzoldt), 26 Geschichten, die beweisen, „daß sie in einer Zeit des Lautsprecher-Gebrülls und der Großkundge-

bungen das echte und andere Bayern meinten" (Benno Hubensteiner). Die Erstausgabe der „Stegreif-Geschichten" enthält folgende Texte: In der Wachau, Es brennt, Der Pfarrer von Höhenstadt, Die Marbauernbuben, Wie wir das erstemal Fußball spielten, Der Schüler Stefan, Das Zahnweh, Verzula, Die gefrorenen Stiefel, Das Bombardon, Das blaue Licht, Der Loipertshamer, Die ungastliche Wirtschaft, Wespen, Ewige Rauferei, Und bums, Gesangsunterricht, Die jungen Infanteristen, Straffeuer, Der Schmied von Galching, Die Halsbinde, Reitunterricht, Das Motorrad, Der echte Piloty, Ein guter Mann, Das Knäblein.
1940 kommt dann das zweite Buch von W. Diess heraus, nunmehr am Schreibtisch entstanden: Das Heimweh. Ernst Heimeran Verlag München, 140 Seiten mit 9 Geschichten: Heimweh, Der Heilige Geist, Die guten Fürbitter, Ikarus, Das Geständnis, Aus dem Krieg, Der Blitz, Der Schafhammel, Zwischen Donau und Inn.

1944: Diess soll zur „Organisation Todt" eingezogen werden, einer Spezialtruppe, die Aufgaben im militärischen Bauwesen übernommen hatte, er begibt sich stattdessen ganz auf die Eck, wo er mit Ehefrau Elisabeth und Tochter Liselotte den Hof selbst bewirtschaftet und auf das Ende des Krieges wartet.

1945: Als „unbelasteter Mann" tritt Diess im Herbst 1945 im Rang eines Ministerialrats in das Bayerische Justizministerium ein, wo er die Reorganisation der bayerischen Anwaltschaft und des bayerischen Notariatswesens übernimmt. Obwohl er danach viel lieber in seinen Anwaltsberuf zurückkehren möchte, läßt man ihn nicht ziehen und versetzt ihn ans Kultusministerium zur Generaldirektion der Bayerischen Staatstheater. Diess hat sich um den Wiederaufbau der Bühnenhäuser zu kümmern, um ihre Intendanten, Schauspieler, Sänger und Spielpläne. Im Sommer 1952, also mit über 68 Jahren, wird Diess als Ministerialrat pensioniert.

1946: Diess lehrt an der Universität München das Fach Urheber- und Erfinderrecht, seit 1950 als Honorarprofessor. Seine Vorlesungen werden von Hörern aller Fakultäten gerne gehört, nicht nur von den angehenden Juristen.
Raimund Eberle, der spätere Regierungspräsident von Oberbayern, rühmte in einem Aufsatz 1984 das rhetorische Geschick des Wilhelm Diess, ebenso wie ein anderer Jurist, Dr. Ferdinand Vohburger aus Oberschleißheim, in einem Brief vom 15. August 1999 an den Herausgeber: „Weil Diess nicht nur ein hervorragender Kenner seiner Rechtsmaterie, sondern ein brillanter Rhetoriker und vor allem Mensch, Humanist im allgemeinen Sinn, war, stauten sich die Hörer bei seinen Vorlesungen. Insofern etwa vergleichbar (später) mit Guardini. [...] Für uns Diess-Seminaristen sprachen ein E. Penzoldt oder ein Ortega y Gasset.“ (s. auch die weiter hinten abgedruckten Erinnerungen von Dr. Walter Dieck an den Professor Diess, verfaßt im Sommer 1999, die dem Herausgeber vom Verfasser freundlicherweise zur Verfügung gestellt wurden).

1947: Wilhelm Diess' drittes Buch erscheint: Der kleine Stall, Heimeran Verlag München, 120 Seiten, 7 Geschichten: Der kleine Stall, Im beginnenden Auswärts, Die Frau Bas, Die Konkurrenz, Leichenbegängnis, Der Schmied Dirian, Der Dori geht zum Herrn.

1948: Diess wird ordentliches Mitglied der Bayerischen Akademie der Schönen Künste, in deren Abteilung Schrifttum er als gewählter - nicht ernannter - Direktor fungiert. Im selben Jahr wird er erstmals zum 1. Vorsitzenden des Bayerischen Landesvereins für Heimatpflege mit der Landesstelle für Volkskunde berufen.

1950: W. Diess' viertes Buch erscheint: Der singende Apfelbaum. Ernst Heimeran Verlag München, 93 Seiten. 8 Geschichten: Der singende Apfelbaum, Der kurbairische Füsilier, Madeleine Winkelholzerin, Der Optiker Lindinger, Tiberius scherzt, Ein eigener Mensch, Lobet den Herrn, Auf der Himmelsleiter.

1954: W. Diess' fünftes Buch erscheint: Madeleine Winkelholzerin. Schicksal eines liebenden Herzens. Ernst Heimeran Verlag München, 80 Seiten.

1955: Der Michlbauernhof auf der Eck muß aus gesundheitlichen Gründen verkauft werden; Diess zieht mit Frau Elisabeth in ein kleines Haus in München-Englschalking. – Sein Geburtsort Bad Höhenstadt – seit 1972 zur Marktgemeinde Fürstenzell gehörig – ernennt Diess zum Ehrenbürger.

1956: Wilhelm Diess bekommt von Bundespräsident Theodor Heuss das Große Verdienstkreuz des Verdienstordens der Bundesrepublik Deutschland verliehen und wird Ehrenmitglied des Bayerischen Landesvereins für Heimatpflege.

1957: Am 13. September stirbt Wilhelm Diess in einer Münchener Klinik, am 17. September wird er auf dem alten Friedhof der St.-Georgs-Kirche in München-Bogenhausen beerdigt. Dort fanden noch viele andere prominente Persönlichkeiten ihre letzte Ruhestätte: u. a. Erich Kästner, Annette Kolb, Liesl Karlstadt, Oskar Maria Graf, Hans Knappertsbusch, Rainer Werner Fassbinder, Hans Schweikart, Helmut Fischer (= „Monaco Franze").

1962: Die Landeshauptstadt München benennt im Oktober in Englschalking einen Weg nach Wilhelm Diess. (Dieser Weg ist auch im antifaschistisch-demokratischen Straßenverzeichnis Münchens aufgenommen; vgl. Friedrich Köllmayr, Unser München. Antifaschistischer Stadtführer. Frankfurt am Main 1983, S. 80) Straßenbenennungen nach Wilhelm Diess gibt es inzwischen u. a. in Simbach am Inn, Pocking, Aidenbach, Kößlarn.

1976/77: Im Münchner Kösel-Verlag erscheint eine 4-bändige Wilhelm Diess-Ausgabe, Das erzählerische Werk in Einzelausgaben, hrsg. von Friedhelm Kemp.

1982: Die Staatliche Bibliothek Passau zeigt vom 17. bis zum 30. Juli die Ausstellung „Wilhelm Diess – Ausstellung im 25. Jahr nach seinem Tod".

1983: Am 25. Juni wird in Bad Höhenstadt eine Bronzebüste von Wilhelm Diess enthüllt, geschaffen von seiner Tochter, der Irschenberger Bildhauerin Ursula Kemser-Diess.

1984: Zum 100. Geburtstag wird an verschiedenen Orten Bayerns (u.a. Bad Höhenstadt, Pocking, Passau, Landshut, München) in Veranstaltungen an den Dichterjuristen W. Diess erinnert sowie in Presse, Rundfunk und Fernsehen über ihn und sein Werk berichtet.

1985: Auf der Literaturliste für die 9. Jahrgangsstufe des Lehrplans Deutsch für die Bayerische Hauptschule wird die Geschichte "Mai 1945" von Wilhelm Diess aufgeführt. Daneben befinden sich auf dem Lektüre-Kanon dieser Jahrgangsstufe Gedichte von Ingeborg Bachmann, Andreas Gryphius, Heinrich Heine, Reiner Kunze, Conrad Ferdinand Meyer und Friedrich Schiller sowie Prosatexte von Konrad Adenauer, Ludwig van Beethoven, Bertolt Brecht, Anne Frank, Albert Schweitzer, Siegfried Sommer und Ludwig Thoma. - Geschichten von Wilhelm Diess sind in verschiedenen Schul-Lesebüchern aufgenommen, z. B. „schwarz auf weiß", Gymnasium, 6. Jahrgangsstufe (Schroedel Verlag Hannover) und „Lesestraße. Lesebuch für die 6. Jahrgangstufe" (Bayerischer Schulbuch-Verlag München).

1994: Unter dem Titel „'Zwischen Donau und Inn ... Dort liegt die Heimat, von der ich rede.'" bringt die Passauer Tonträgerproduktionsfirma Symicon eine CD heraus, auf der sechs Wilhelm-Diess-Geschichten zu hören sind, die der Autor in den fünfziger Jahren für den Bayerischen Rundfunk gelesen hat.

Walter Dieck:
Meine Erinnerungen an Prof. Dr. Wilhelm Diess

Ausweislich meines Studienbuches hörte ich an der Ludwig-Maximilians-Universität zu München im Sommer-Semester 1952 die Vorlesung „Presserecht" und im Wintersemester 1952/53 „Urheberrecht" von Professor Diess. Soweit die Fakten. Bestimmt erinnere ich mich auch noch daran, daß ich keine seiner Vorlesungen versäumte. Diese Vorlesungen vermittelten uns Kriegs- und Nachkriegsschülern etwas, was uns vollständig fehlte: Abendländische Allgemeinbildung.

Diess „rechtfertigte" den Inhalt seiner Vorlesung wie folgt: Bevor man sich mit dem Urheberrecht befaßt, sollte man erst etwas über den Urheber wissen! Damit war der Weg frei, bei Homer zu beginnen und alle literarischen Geistesgrößen des Abendlandes Revue passieren zu lassen. So etwa in der drittletzten Stunde des Semesters meinte Diess: „Zum Gesetz selbst sind wir noch nicht gekommen. Aber das Gesetz ist eine Hürde, die wir mit elegantem Sprung nehmen werden." Um diese Zeit waren wir in der Vorlesung etwa bei der Goethe-Zeit angekommen. In der allerletzten Stunde des Semesters, fünf Minuten vor Ende der Vorlesung, tröstete er uns: „Zum Urheberrechtsgesetz sind wir jetzt nicht mehr gekommen. Aber da gebe ich Ihnen einen guten Rat: Lernen Sie es einfach auswendig! Was sind schon die [damals!!!] gut 70 Paragraphen dieses Gesetzes! Die haben Sie gleich im Kopf! Schauen Sie, ich hab' nie viel mit dem Strafrecht anfangen können. Vor dem mündlichen Examen hab' ich die paar 370 Paragraphen einfach auswendig gelernt. Als ich dann etwas gefragt wurde, antwortete ich: Da könnte ein Betrug in Frage kommen. Der einschlägige § 263 lautet: ... und ich ratterte die Vorschrift herunter. Schon fragte der Prüfer einen anderen Kollegen ..."

Die Begegnungen mit Professor Diess sind fast ein halbes Jahrhundert her. Er ist der einzige Professor, an den sich bei mir und bei vielen seiner Hörer heute noch lebhafte Erinnerungen knüpfen.

So erzählte er einmal über das Konzil von Konstanz: „Das war damals ein großes Ereignis! Da war die ganze Welt versammelt … Auch die halbe …". Er rügte den gemeinen Rechtsbruch gegenüber dem rechtschaffenen Johann Hus, dem freies Geleit zugesagt worden war. Den Tränen war er nahe, als er erzählte, daß man Johann Gutenberg, einen der größten Wohltäter der Menschheit, der durch seine Erfindung die Vervielfältigung der geistigen Leistungen ermöglichte, wie man also diesen großen Menschen auf einem Holztisch in einem Klostergang sterben ließ.
Mehr beiläufig erwähnte er einmal, daß er als Fußwanderer die Italienzüge der deutschen Kaiser nachgewandert sei, … aber heute würde ja kein Mensch mehr wandern. Ich war damals schon ehrenamtlicher Mitarbeiter im Bayerischen Jugendherbergswerk und „Spezialist" für die aufkommende Mode des Radwanderns. Ich faßte mir also ein Herz und sprach den Herrn Professor nach der Vorlesung an: „Herr Professor, auch heute wird noch gewandert, zumindest mit dem Fahrrad und vor allem zu unseren schönen Kirchen in Bayern!" Er ließ sich meine Attacke gefallen, sah mich an und sagte dann das mir damals rätselhafte, heute eher verständliche Wort: „Lieber Freund, je weniger Kautschuk zwischen ihren Fußsohlen und der Erde, die Sie bereisen, ist, umso mehr wird diese Erde zu Ihnen sprechen!"

Nach dem Wintersemester 1952/53 meinte Professor Diess in der letzten Stunde: „Jetzt haben wir ein halbes Jahr miteinander gearbeitet, jetzt sollten wir uns auch einmal einfach so zusammensetzen. Kommen Sie am nächsten Samstag um 15 Uhr in die Römerschanze nach Grünwald!" Ehrensache, daß man mit der 25er nach Grünwald fuhr und dort ein dem Taschengeld angepaßtes Getränk bestellte. Diess begrüßte uns, zog nach einiger Zeit ein Manuskript aus der Tasche und las uns sein „Leichenbegängnis" vor, weiß Gott eine authentische Lesung. Man unterhielt sich, und nach zwei Stunden ging alles wieder zur Endstation der 25er. Beim Einsteigen bemerkte Diess, daß er seinen Geldbeutel nicht mehr hatte. Verloren? Liegen gelassen? Vielleicht im Telefonhäusl vergessen? Ich sauste zurück. Tatsächlich, im Telefonhäusl, neben dem Telefonbuch, lag er: Sein Geldbeutel! Es war so ein großes Exemplar wie ihn die bayerischen Kellnerinnen benutzten, mit viel Kleingeld darin. Mit Dank nahm ihn Professor Diess entgegen.

Zum letzten Mal sah ich ihn bei der Beerdigung des allzu früh verstorbenen Professors für Deutsche Rechtsgeschichte, Heinrich Mitteis, einer strahlenden Erscheinung und ein begeisternder Redner. Ganze drei Professoren gaben ihm das letzte Geleit: Mariano San Nicoló, damals Dekan der Fakultät, Wilhelm Düll und eben Wilhelm Diess. Augenzwinkernd begrüßte er mich. Unser letztes Zusammentreffen: Ein Leichenbegängnis.

Literatur über Wilhelm Diess (Auswahl)

Alfons Beckenbauer: „Für poetische Hervorbringungen gut befähigt“. Ein Gedenkblatt zum 85. Geburtstag von Wilhelm Dieß, dem ehemaligen Schüler des Landshuter Gymnasiums. In: Verhandlungen des Historischen Vereins für Niederbayern. Landshut. 95 (1969), S. 5-10;

Helmut Behrens: Wissenschaft in turbulenter Zeit. Erinnerungen eines Chemikers an die Technische Hochschule München 1933-1953. München 1998;

Wolfgang Johannes Bekh: Dichter der Heimat. Zehn Porträts aus Bayern und Österreich. Regensburg 1984;

Raimund Eberle: Erzählen, wie man eine Sense dengelt. Zum 100. Geburtstag des bayerischen Dichters Wilhelm Dieß. In: Unser Bayern, Juni 1984, S. 43-44;

Freunde des Hans-Carossa-Gymnasiums e.V. Landshut: Heft 19 / Juli 1984 (Das Heft enthält folgende Beiträge: Walter Pfaffenzeller, „Wilhelm Dieß und das Hans-Carossa-Gymnasium“, S. 3-9; Alfons Beckenbauer, „‘Für poetische Hervorbringungen gut befähigt’“, S. 11-16; Ludwig Wiethaler, „Die Charakterzeichnung in den Erzählungen des Wilhelm Dieß“, S. 23-46);

Hans Göttler: Wilhelm Diess – Leben und Werk. Grafenau 1996. (= Sonderdruck aus „Heimat Ostbayern” Bd. 4/1989);

Bernt von Heiseler: Wilhelm Diess. In: Der Zwiebelturm. 12 (1957), H. 9, S. 233;

Robert Heinrich: 100 Jahre Rechtsanwaltskammer München. Festschrift zum 100. Jahrestag des Inkrafttretens der Rechtsanwaltsordnung vom 1. Juli 1878. Hrsg. von der Rechtsanwaltskammer für den Oberlandesgerichtsbezirk München. München 1979;

Benno Hubensteiner: „Die Heimat, von der ich rede". Zum 25. Todestag des altbayerischen Erzählers Wilhelm Dieß. In: Schönere Heimat. 71 (1982), H. 4, S. 513-515;

Michael Kobler: Ein Jurist und Erzähler aus Niederbayern: Wilhelm Diess. In: Tradition und Entwicklung. Gedenkschrift für Johann Riederer. Hrsg. von Karl-Heinz Pollok. Schriften der Universität Passau. Passau 1981, S. 139-153;

ders.: Zum 100. Geburtstag von Wilhelm Diess. In: Beilage zum Amtlichen Schul-Anzeiger für den Regierungsbezirk Niederbayern. Nr. 5 / 1.12.1984, S. 1-15;

Günther Lutz: Die Stellung Marieluise Fleißers in der bayerischen Literatur des 20. Jahrhunderts. Frankfurt am Main 1979;

Hans Maier: Grußwort des Bayerischen Staatsministers für Unterricht und Kultus. In: Festschrift des Gymnasiums Pocking zur Namensverleihung Wilhelm-Diess-Gymnasium Pocking am 18. Juli 1986. Pocking 1986, S. 4-5;

Hans F. Nöhbauer: Kleine bairische Literaturgeschichte. München 1984;

Hans Pörnbacher u. Benno Hubensteiner (Hrsg.): Bayerische Bibliothek. Band 5. Die Literatur im 20. Jahrhundert. Ausgewählt und eingeleitet von Karl Pörnbacher. München 1981.

Karl Pörnbacher: Der Meister der Stegreifgeschichte. Vor 20

Jahren starb der bayerische Erzähler Wilhelm Dieß. In: Unser Bayern 26 (1977), S. 67-68;

Staatliche Bibliothek Passau: Wilhelm Dieß. Ausstellung im 25. Jahr nach seinem Tod. 17.-30.Juli 1982, ungedruckt;

Helmut Wagner: Wenn sich die Quellen widersprechen... Zur Frage, wo Wilhelm Diess' Vater geboren wurde. In: Heimatglocken, Nr. 7, 1995, S. 3;

ders.: Der Eringer Mord von 1865 und eine Episode in Wilhelm Diess' Erzählung „Zwischen Donau und Inn". In: Heimatglocken, Nr. 6, 1998, S. 1-2;

Siegfried Wagner: Dieß, Wilhelm. In: Neues Handbuch der deutschen Gegenwartsliteratur seit 1945, begründet von Hermann Kunisch, herausgegeben von Dietz-Rüdiger Moser unter Mitwirkung von Petra Ernst, Thomas Kraft und Heidi Zimmer. München 1990, S. 134-135; ohne Verfassernamen und bis auf die Schreibung des Namens „Diess" unverändert auch in: Lexikon der deutschsprachigen Gegenwartsliteratur seit 1945, begründet von Hermann Kunisch, fortgeführt von Herbert Wiesner, neu herausgegeben in Zusammenarbeit mit Marion Büchl und Susanne Schedl von Dietz-Rüdiger Moser, Bd. 1, München 1997, S. 233-234;

Alois Winklhofer: Der niederbayerische Erzähler Wilhelm Dieß. In: Zwiebelturm 7 (1952), H. 11, S. 263-265;

ders.: Wilhelm Diess. In: Schönere Heimat 43 (1954), H. 1, S. 23-24 u. S. 29;

ders.: Einführung. In: Wilhelm Diess, Die Heimat, von der ich rede. München o. J. [1959], S. 7-21.

Hinweise zur Textgestalt

Die Texte dieser Auswahlausgabe folgen der Druckfassung der Gesamtausgabe: Wilhelm Dieß, Das erzählerische Werk in Einzelausgaben, 1.-4. Band, herausgegeben von Friedhelm Kemp, München: Kösel-Verlag GmbH & Co., 1976/77. Druckfehler und offensichtliche Verschreibungen wurden stillschweigend korrigiert. In Zweifelsfällen wurden dabei die früheren Fassungen in Buchform zu Rate gezogen und Fehler entsprechend verbessert. Diese Korrekturen wurden nicht eigens angemerkt, da dieses Buch keine historisch-kritische Ausgabe sein will und sein kann. Bei der Schreibweise des Familiennamens „Diess“ wurde die Variante gewählt, die der Verfasser selbst seit den 20er Jahren verwendet hat. Die Abkürzung „E“ in folgender Übersicht bedeutet „Erstdruck in Buchform“. An der Erstveröffentlichung in Buchform orientiert sich die Anordnung der ausgewählten Geschichten in dieser Ausgabe.

Aus Band 1 der Kösel-Ausgabe („Stegreifgeschichten“) wurden aufgenommen:

Es brennt (E 1936)
Wie wir das erstemal Fußball spielten (E 1936)
Der Schüler Stefan (E 1936)
Das Zahnweh (E 1936)
Gesangsunterricht (E 1936)
Das Motorrad (E 1936)

Aus Band 2 der Kösel-Ausgabe („Das Geständnis“) wurden aufgenommen:

Heimweh (E 1940)
Der Heilige Geist (E 1940)
Das Geständnis (E 1940)

Die Frau Bas (E 1947)
Leichenbegängnis (E 1947)
Der Optiker Lindinger (E 1950)

Aus Band 3 der Kösel-Ausgabe („Der Blitz") wurden aufgenommen:

Die guten Fürbitter (E 1940)
Der Blitz (E 1940)
Der Dori geht zum Herrn (E 1947)
Der kurbairische Füsilier (E 1950)
Der singende Apfelbaum (E 1950)
Lobet den Herrn (E 1950)
Ein eigener Mensch (E 1950)

Aus Band 4 der Kösel-Ausgabe („Madeleine Winkelholzerin und nachgelassene Erzählungen") wurden aufgenommen:

Mai 1945 (E 1952)
„Wem Gott ein Amt gibt ...!" (E 1956)

Das Foto von Wilhelm Diess stammt aus dem Jahr 1954.

Der Herausgeber der Auswahlausgabe, Dr. phil. Hans Göttler, ist Akademischer Direktor an der Universität Passau (Didaktik der Deutschen Sprache und Literatur); der Enkel von Wilhelm Diess, Prof. Dr. phil. Johannes Kemser, lehrt an der Katholischen Stiftungsfachhochschule München; Dr. jur. Walter Dieck, der bei Wilhelm Diess studierte, ist Vorstandsmitglied a. D. der Bayerischen Handelsbank München.